KURSBUCH

TEILBAND 1

B1

Pluspunkt Deutsch

von Joachim Schote

Cornelsen

Pluspunkt Deutsch B1

Neue Ausgabe
Deutsch als Zweitsprache
Kursbuch
Teilband 1

Symbole

Hörverstehensübung (Hörtext auf CD)

Phonetikübung mit CD

Partnerübung

Portfolio-Übungen

Im Auftrag des Verlages erarbeitet von Joachim Schote

In Zusammenarbeit mit der Redaktion:
Maria Funk (verantwortliche Redakteurin),
Gunther Weimann (Projektleitung)

Redaktionelle Mitarbeit: Dieter Maenner
Bildredaktion: Katharina Hoppe-Brill
Unter besonderer Mitwirkung von: Georg Krüger

Beratende Mitwirkung: Annekatrin Bach (Colmnitz), Nicola Ferling (Mannheim), Jutta Neumann (Duisburg), Ina Schiffhauer (Berlin), Dr. Vesna Stanicic-Burchards (Norderstedt)

Illustrationen: Matthias Pflügner
Gesamtgestaltung und technische Umsetzung: SOFAROBOTNIK, Augsburg und München

www.cornelsen.de

1. Auflage, 1. Druck 2011

Alle Drucke dieser Auflage sind inhaltlich unverändert und können im Unterricht nebeneinander verwendet werden.

Druck: CS-Druck CornelsenStürtz, Berlin

ISBN 978-3-06-024317-4

Inhalt gedruckt auf säurefreiem Papier aus nachhaltiger Forstwirtschaft.

Pluspunkt Deutsch • Neue Ausgabe auf einen Blick

Pluspunkt Deutsch • Neue Ausgabe ist ein Grundstufenlehrwerk für Erwachsene ohne Deutsch-Vorkenntnisse. Es ist besonders geeignet für Lernende mit unterschiedlichen Voraussetzungen und Lernerfahrungen. **Pluspunkt Deutsch • Neue Ausgabe** orientiert sich eng an den Vorgaben des neuen Rahmencurriculums für Integrationskurse und setzt die Kannbeschreibungen des Gemeinsamen europäischen Referenzrahmens konsequent um. Das Lehrwerk führt zum *Zertifikat Deutsch* und bereitet auf den *Deutsch-Test für Zuwanderer* vor.

Das **Kursbuch** enthält sechs Lektionen, zwei fakultative Stationen und einen Anhang.
Jede Lektion beginnt mit einer bilderreichen Auftaktseite, die an den Wortschatz und das Thema heranführt. Es folgen drei Doppelseiten, auf denen der Lernstoff in thematisch abgeschlossenen Blöcken kleinschrittig präsentiert wird. Im Vordergrund stehen Themen des alltäglichen Lebens und ihre sprachliche Bewältigung, wobei die Grundfertigkeiten Sprechen, Hörverstehen, Leseverstehen und Schreiben systematisch und integriert trainiert werden. Die Doppelseite *Alles klar!* bietet Übungen zur aktiven Selbstevaluation. Die abschließende *Gewusst-wie*-Seite fasst die wichtigsten Redemittel und grammatischen Strukturen übersichtlich zusammen.
Die fakultativen Stationen bieten auf jeweils drei Doppelseiten Möglichkeiten zur spielerischen Wiederholung des Gelernten, stellen Berufe aus verschiedenen Bereichen sowie Landschaften und Regionen vor und bereiten gezielt auf den *DTZ* vor.
Der Anhang umfasst:
- eine systematische Zusammenfassung der Grammatik,
- eine Liste der unregelmäßigen Verben sowie der Verben mit Präpositionen,
- die Hörtexte, die nicht in den Lektionen abgedruckt sind,
- eine alphabetische Wortliste mit den jeweiligen Fundstellen.

Die **Audio-CD** enthält alle Hörtexte und Flüssig-Sprechen-Übungen aus dem Kursbuch.

Das **Arbeitsbuch** mit eingelegter **Lerner-Audio-CD** unterstützt die Arbeit mit dem Kursbuch. Es enthält ein umfangreiches Übungsangebot mit ausgewiesenen Übungen zur Binnendifferenzierung. Auf den *Deutsch-Plus*-Seiten wird das Gelernte vertieft und explizit das Hör- und Leseverstehen trainiert. Die letzte Doppelseite enthält den Lernwortschatz der Lektion sowie ein gezieltes Wortschatztraining mit Lerntipps. In den Stationen können die Lernenden ihren Sprachlernstand selbst überprüfen. Außerdem finden Sie hier weitere Übungen zur Vorbereitung auf den *DTZ*. Am Ende jedes Teilbandes finden sich bebilderte Grammatikkarten zur Wiederholung wichtiger Grammatikstrukturen.

Die **Handreichungen für den Unterricht** enthalten Tipps für den Unterricht, Vorschläge für Differenzierungsmaßnahmen sowie Kopiervorlagen.

Die **Unterrichtshilfe interaktiv** mit Textanalysetool macht Ihre Unterrichtsvorbereitung noch einfacher. Mit verschiedenen Werkzeugen können Sie schnell und einfach eigene Arbeitsblätter erstellen und ein Analysetool hilft Ihnen, eigene Texte an den Lernstand Ihres Kurses anzupassen. Zusätzlich finden Sie Tests und Diktate zu jeder Lektion.

Unter **www.cornelsen.de/pluspunkt-neu** gibt es für die Arbeit mit **Pluspunkt Deutsch • Neue Ausgabe** Zusatzmaterialien, Übungen und didaktische Tipps sowie interessante Links.

Viel Spaß und Erfolg mit **Pluspunkt Deutsch • Neue Ausgabe** wünschen

Autor und Cornelsen Verlag

Inhalt Teilband 1

Themen und Texte	Rahmencurriculum für Integrationskurse / Gemeinsamer europäischer Referenzrahmen
• Kindererziehung • Elternsprechtage und Klassenfahrten • Texte: Zeitungsartikel	• Kann sich mit einfachen Mitteln über das Kind erkundigen, z. B. über Mitarbeit, Leistungstand. • Kann in Besprechungen mit Lehrkräften oder Nachhilfelehrern einfache Absprachen treffen, z. B. über Inhalte und Dauer von Nachhilfestunden.
• Personen beschreiben • richtig bewerben • Verhalten in Gesprächen • Kommunikation ohne Worte • Texte: Kontaktanzeigen	• Kann mit einfachen Worten ausdrücken, dass er/sie mit Äußerungen und Handlungen nicht einverstanden ist. • Ist sensibilisiert für die kulturell unterschiedliche Relevanz des persönlichen Auftretens (z. B. äußeres Erscheinungsbild, Selbstsicherheit, Offenheit bei Darstellung von Stärken und ggf. Eingeständnis von Schwächen) und kann das eigene Auftreten dazu in Beziehung setzen. • Ist sensibilisiert für die kulturell unterschiedliche Bewertung von Formen der Selbstdarstellung bei der Arbeitssuche und kann die in der Herkunftsgesellschaft erworbenen Kompetenzen den Gepflogenheiten des Aufnahmelandes gemäß darstellen.
• Arbeitsteilung im Haushalt • Gleichberechtigung • Texte: Erfahrungsbericht, eine Liebesgeschichte	• Kann auf einfache Art seine/ihre Meinung über erlebte und beobachtete Aspekte des Lebens in Deutschland mitteilen. • Kann sich über interkulturelle Erfahrungen austauschen und erklären, warum er/sie bestimmte Verhaltensweisen als fremd empfunden hat.
• schriftliche Bewerbung • Gehaltsabrechnung • Texte: Zeitungsartikel	• Kann in Stellenanzeigen überprüfen, ob für seinen/ihren Beruf Angebote enthalten sind. • Kann mithilfe einer Vorlage ein einfaches Bewerbungsschreiben verfassen und darin wichtige Auskünfte über sich geben, z. B. Gründe für die Bewerbung, Eignung für die Stelle. • Kann in Arbeitsdokumenten die wesentlichen Informationen verstehen, z. B. in Gehaltsabrechnungen das Nettoeinkommen.
• das Leben im Heimatland und das Leben heute • Texte: ein modernes Märchen	• Kann die wesentlichen Handlungszüge eines literarischen Textes, der weitgehend auf dem Grundwortschatz und einer einfachen, konkreten Handlung basiert, verstehen. • Kann verschiedene Handlungsstränge in einem Märchen und die Moral am Schluss des Märchens verstehen. • Kann in einer kurzen Erzählung, die von Erlebnissen in der Kindheit handelt, die wichtigsten Ereignisse verstehen.
• Wünsche • Verbraucherschutz • Texte: Informationstext	• Weiß, dass es Verbraucherzentralen oder Verbraucherinformationsstellen gibt, kennt deren Funktion und weiß, wie man sie in Anspruch nimmt. • Weiß, dass es Umtauschmöglichkeiten, ein Reklamationsrecht sowie gesetzliche und freiwillige Gewährleistung gibt.

Inhalt Teilband 2

Themen und Texte	Rahmencurriculum für Integrationskurse / Gemeinsamer europäischer Referenzrahmen
• Reiseerlebnisse • Verkehrsmeldungen • Texte: eine Reisereportage	• Kann wichtige Informationen in einfachen Lautsprecherdurchsagen im Zug, am Bahnhof oder am Flughafen verstehen, z. B. Gleisänderungen oder Angaben von Verspätungen. • Kann Verkehrsmeldungen im Radio relevante Informationen entnehmen, z. B. Staumeldungen, Sperrung einer Autobahn.
• Selbständigkeit • Texte: Ratgeber Existenzgründung, Geschäftsideen	• Kann sich über Bankdienstleistungen informieren, z. B. Kredite oder Anlagemöglichkeiten.
• Tiere • Umweltschutz • Texte: Wohnen auf dem Land, Infotext Müllentsorgung	• Kann sich mit anderen Hausbewohnern über Stereotypen und Vorurteile unterhalten, im Konfliktfall eigenes Handeln oder Reagieren erklären und Lösungsvorschläge machen. • Kann in einem Brief sein/ihr Interesse an einer Wohnung bekunden und Fragen zur Lage der Wohnung stellen.
• Krankenhaus • Texte: Ich will mein Kind vor Drogen schützen	• Kann über das Thema Gesundheit sprechen, dabei auch über Gefühle und Ängste reden bzw. auf die Gefühle und Ängste der Gesprächspartner eingehen. • Kann Hinweise verstehen, was für Notdienste es gibt und wie man diese verständigt. • Kann beim Arzt mit einfachen Worten erklären, was ihm/ihr fehlt.
• Deutschland seit 1989 • Deutschland und Europa • Texte: Nachrichten aus Politik und Gesellschaft	• Kann in Radionachrichten nach einer Wahl, die ihn/sie interessiert, verstehen, welche Parteien gewonnen und welche verloren haben. • Kann Freunden wichtige Merkmale der politischen Situation in seinem/ihrem Heimatland schildern und seine Meinung darüber äußern.
• Zukunftsvisionen • Texte: Erfahrungsberichte ehemaliger Teilnehmer	

Sprache im Kurs

1. Schreiben Sie.

2. Hören Sie.

3. Ergänzen Sie.

4. Kreuzen Sie an.

5. Lesen Sie.

6. Spielen Sie Dialoge.

Sie lernen:

- über Kinder und Familie sprechen
- einen Zeitungsartikel verstehen
- über Schule und Nachhilfeunterricht sprechen
- über Klassenfahrten sprechen
- „zu“ + Infinitiv
- temporale Nebensätze mit „wenn“ und „als“

1 Familienleben

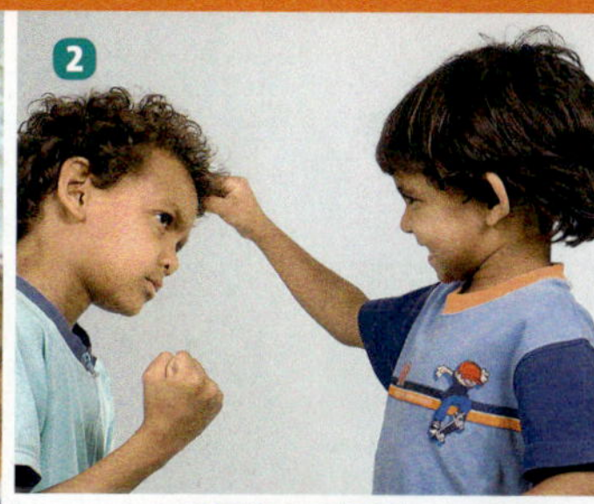

1a Sehen Sie sich die Fotos an. Was sind die Situationen? Sprechen Sie im Kurs.

Die Familie in Bild 1 feiert zusammen. Vielleicht haben die Großeltern Hochzeitstag.

1b Was machen Familien? Was gehört zum Familienalltag? Sammeln Sie im Kurs.

Familie
- sich helfen
- sich unterstützen
- Kinder erziehen
- Schutz / Sicherheit bieten
- viel zusammen unternehmen

Ich denke, zum Familienalltag gehört auch Streit.

2 Wie wichtig ist Ihre Familie für Sie?

Ü1+2

Meine Familie ist sehr wichtig für mich. Ich telefoniere zweimal pro Woche mit meiner Mutter. Wenn ich das nicht mache, geht es mir nicht gut.

A Zeit für Kinder – Zeit für Eltern?

1 **Wofür nehmen Sie sich viel/wenig Zeit? Sprechen Sie im Kurs.**

2a Ü3 **Lesen Sie die drei Texte. Wählen Sie einen Text aus und schreiben Sie Fragen zu dem Text. Fragen und antworten Sie im Kurs.**

Anne Baum

Ich bin allein erziehend. Ich arbeite jeden Tag bis 16.00 Uhr. Danach hole ich meinen Sohn vom Kindergarten und meine Tochter vom Hort ab. Ich habe viel Arbeit, aber ich versuche immer, Zeit für die Kinder zu finden. Ich helfe meiner Tochter bei den Hausaufgaben und ich spiele mit meinem Sohn. Aber es ist nicht immer einfach für mich, die Kinder allein zu erziehen.

Meine Arbeit ist für mich wichtig, aber auch meine Familie. Ich arbeite lange und meine Frau kümmert sich meistens um unsere Kinder, aber abends bin ich für sie da. Ich helfe meinen Kindern, die Zähne zu putzen. Dann bringe ich sie ins Bett und lese ihnen eine Geschichte vor. Auch morgens kümmere ich mich manchmal um sie. Ich mache ihnen das Frühstück und meine Frau bringt sie dann in den Kindergarten. Ich würde aber gern weniger arbeiten und mehr Zeit mit meiner Familie verbringen.

Herbert und Sonja Groß mit Kindern

Martha Schmidt

Mein Mann ist vor vier Jahren gestorben und jetzt lebe ich allein. Ich habe zwei Söhne, aber sie wohnen nicht in der Nähe und sie haben nur selten Zeit, zu Besuch zu kommen. Wir telefonieren fast jedes Wochenende, ich vergesse nie, die Kinder anzurufen. Aber ich würde meine Söhne und auch meine Enkelkinder gerne öfter sehen. Nur Weihnachten sind wir alle zusammen.

2b **Lesen Sie die Texte noch einmal und ergänzen Sie die Sätze.**

1. Frau Baum versucht immer, __________.
2. Für sie ist es nicht einfach, __________.
3. Herr Groß hilft seinen Kindern, __________.
4. Frau Schmidt vergisst nie, __________.

3 Kinder, Eltern und Familien. Was passt zusammen? Verbinden Sie.

Ü4+5

Es ist gut für Kinder, **1** ○	○ **A** sich um die Kinder zu kümmern.
Eltern, die viel arbeiten, haben oft wenig Zeit, **2** ○	○ **B** den Kindern Grenzen zu setzen.
Manchmal ist es schwer, **3** ○	○ **C** ihre Kinder öfter zu sehen.
Viele ältere Leute wünschen sich, **4** ○	○ **D** mit Geschwistern aufzuwachsen.

!

***zu* + Infinitiv**

Frau Baum **versucht**, Zeit für die Kinder **zu** finden. — *genauso:* wünschen, vergessen, anfangen, ...
Es ist gut für Kinder, mit Geschwistern auf**zu**wachsen. — *genauso:* Es ist schwer/leicht/wichtig/...
Die Söhne **haben** selten **Zeit**, sie **zu** besuchen. — *genauso:* Angst/Lust/... haben

4 Schreiben Sie Sätze mit *zu* + Infinitiv.

Ü6+7

Martin – nie vergessen – machen – die Hausaufgaben

seine Mutter – versuchen – helfen – ihm

Sonja – keine Lust haben – aufräumen – ihr Zimmer

ihre Mutter – verbieten – ihr – in die Diskothek – gehen

5a *Ich habe keine Zeit, ...* Spielen Sie im Kurs.

Ü8

dir helfen – dich besuchen – in die Bücherei gehen – das Auto reparieren – Urlaub machen – spazieren gehen – meine Eltern anrufen – ...

5b Spielen Sie auch mit anderen Satzanfängen.

Ich habe keine Lust, ... – Es macht Spaß, ... – Du darfst nicht vergessen, ...

B Unter einem Dach

1a Lesen Sie die Überschrift. Was denken Sie: Worum geht es in dem Artikel?

Ein Haus – 3 Generationen: die Familie Kränzlein

1b Lesen Sie den Artikel. Waren Ihre Vermutungen richtig?

Ü9

In Deutschland leben nur noch selten mehrere Generationen zusammen, aber für Familie Kränzlein ist das Alltag: In ihrem Haus in Ahsen wohnen Beate (38) und Andreas (42) mit ihrem Sohn Max (5) und ihrer Tochter Katrin (3) im Erdgeschoss. Im Obergeschoss wohnen Edelgard (69) und Manfred (68), die Eltern von Beate und ihrem Bruder Michael (45), der eine Wohnung im Dachgeschoss hat.

Beate sieht in diesem Zusammenleben viele Vorteile: „Wenn ich arbeiten muss, passen meine Eltern auf die Kinder auf. Morgen Abend zum Beispiel sind mein Mann und ich bei Freunden eingeladen. Wenn wir morgen Abend weggehen, bringt meine Mutter die Kinder ins Bett. Es ist immer jemand aus der Familie da. Bei vielen Leuten ist das anders, z. B. bei unserer ehemaligen Nachbarin, die allein erziehend war. Wenn sie am Samstag arbeiten musste, hat sie ihr Kind zu uns gebracht." Auch Beates Eltern gefällt das Zusammenleben. „Wir wissen, dass man uns braucht und wir passen gerne auf unsere Enkel auf", sagt Edelgard, und weiter: „Für uns ist auch wichtig, dass unsere Kinder immer für uns da sind." Michael gefällt besonders, dass es zu Hause nie langweilig ist. „Wir sind ein offenes Haus und haben viel Besuch. Ich freue mich immer, wenn jemand kommt." Und Andreas meint: „Natürlich gibt es manchmal Streit und verschiedene Meinungen. Meine Schwiegereltern haben z. B. eine andere Meinung über die Erziehung von Max und Katrin als meine Frau und ich, aber sie akzeptieren, dass Beate und ich bei den wichtigsten Erziehungsfragen entscheiden. Als wir geheiratet haben, bin ich sofort in das Haus gezogen. Ich bin hier sehr glücklich."

„Das Zusammenleben funktioniert so gut, weil es Regeln gibt. Wir haben z. B. einen Plan für den Hausputz und die Gartenarbeit und wir übernehmen unsere Pflichten gerne", sagt Manfred.

1c Wer ist wer? Zeichnen Sie den Stammbaum von Familie Kränzlein.

1d Lesen Sie noch einmal. Wo steht was? Markieren Sie im Text.

1. Es ist immer eine Person da, die sich um die Kinder kümmert.
2. Edelgard und Manfred können sich immer auf ihre Kinder verlassen.
3. Familie Kränzlein bekommt oft Besuch.
4. Manchmal gibt es Meinungsverschiedenheiten.
5. Es gibt Regeln für das Zusammenleben.

2 Großfamilie oder Kleinfamilie? Wie ist es in Ihrem Heimatland oder bei Bekannten von Ihnen? Berichten Sie im Kurs.

Wie groß sind die Familien? Gibt es mehr Groß- oder Kleinfamilien? Wer gehört zur Familie? Wer kümmert sich um die Kinder/Eltern? Wer macht welche Arbeiten?

3 Lesen Sie und kreuzen Sie an: Wie oft passiert das?

Ü10+11

	einmal	mehrmals
1. **Wenn** sie am Samstag arbeiten musste, hat sie ihr Kind zu uns gebracht.	◯	◯
2. Ich freue mich immer, **wenn** jemand kommt.	◯	◯
3. **Als** wir geheiratet haben, bin ich sofort in das Haus gezogen.	◯	◯
4. **Wenn** wir morgen Abend weggehen, bringt meine Mutter die Kinder ins Bett.	◯	◯

i

	Vergangenheit	Gegenwart / Zukunft
einmal	**als**	**wenn**
mehrmals	**(immer) wenn**	**(immer) wenn**

4a Die Kindheit und Jugend von Boris. Schreiben Sie Sätze mit *wenn* oder *als*.

Ü12–14

als – vier Jahre alt – Fahrrad fahren gelernt

als – sechs Jahre alt – in die Schule gekommen

als – 18 Jahre alt – mit der Schule fertig – war

wenn – Geburtstag hatte – Freunde eingeladen

wenn – die Großeltern besucht – sie sich gefreut

immer wenn – Ferien hatte – die Schule vergessen

Als Boris vier Jahre alt war, hat er ...

4b Wie alt waren Sie, als Sie diese Dinge gemacht haben? Berichten Sie im Kurs.

die erste Arbeit gefunden – nach Deutschland gekommen – die erste Fremdsprache gelernt – eine Ausbildung abgeschlossen – den Führerschein gemacht – die Schule verlassen – den ersten Kuss bekommen

Als ich meine erste Arbeit gefunden habe, war ich 18 Jahre alt. Als ich nach Deutschland gekommen bin, ...

C Elternsprechtag und Klassenfahrt

1 Ü15+16

Lesen Sie den Brief und beantworten Sie die Fragen.

Liebe Eltern der Klasse 8c,
am 7. Februar findet der Elternsprechtag statt. Wenn Sie mit dem Klassenlehrer oder einem Fachlehrer von Ihrem Kind sprechen möchten, füllen Sie bitte den Abschnitt aus. Ihr Kind muss den Abschnitt bis zum 25. Januar bei mir abgeben.

Mit freundlichen Grüßen

Bertram Winzer

✂ ....

Ich möchte gerne mit folgenden Lehrern sprechen: *Herr Winzer, Frau Cordes*

Suslova
Unterschrift

1. Mit wem können die Eltern am 7. Februar sprechen?
2. Was müssen die Eltern dafür machen?

2

Worüber sprechen Lehrer mit den Eltern beim Elternsprechtag? Sammeln Sie.

Förderunterricht – Probleme mit Lehrern – ...

3a Ü17+18

Beim Elternsprechtag. Hören Sie und kreuzen Sie an: Was ist richtig? 2

1. Herr Winzer ist Alinas ○ Deutschlehrer. ○ Englischlehrer.
2. Frau Cordes ist Alinas ○ Englischlehrerin. ○ Mathematiklehrerin.

3b Ü19

Hören Sie noch einmal und ergänzen Sie die Sätze. 2

1. Der Förderunterricht ist ein Angebot von der ________.
2. In Deutsch hat Alina noch Probleme mit der ________.
3. ________ ist etwas problematisch, aber in ________ ist sie gut.

3c

Lesen Sie. Wer bietet Nachhilfeunterricht an? Wer kann Alina helfen?

1 Nachhilfe in allen Fächern durch Fachlehrer. Nachhilfeinstitut Mut. Tel. 2110658

2 Studentin bietet Nachhilfe in Französisch. Klassenstufen 5–10. Ab 12 €. Tel. 34702034

3 Nachhilfe in Mathematik bis Klasse 8 von Schüler (11. Klasse, Gymnasium): 8557655

4 Warum gibt es Klassenfahrten? Machen Sie Notizen. Diskutieren Sie im Kurs.

Jugendherberge in Wandlitz

Schülergruppe bei Stadtrundgang durch Berlin

Schülergruppe besucht Reichstag

Schülergruppe im Bahnhof

i

In Deutschland machen Schüler ab der dritten oder vierten Klasse Klassenfahrten. Klassenfahrten gehören zum Unterricht. Bei Städtereisen lernen die Kinder etwas über Geschichte und Landeskunde. Außerdem sollen Klassenfahrten die Kontakte zwischen den Schülern und die Kontakte zu den Lehrern verbessern. Es gibt auch Auslandsreisen zum Beispiel nach England oder Frankreich. Dann wohnen die Schüler bei Gastfamilien und können so die Fremdsprachen besser lernen.

5a Klassenfahrt. Hören Sie und kreuzen Sie an: richtig oder falsch? 3

	R	F
1. Frau Schlenzig war nicht beim Elternabend.	○	○
2. Die Schüler dürfen kein Taschengeld mitnehmen.	○	○
3. Einige Eltern können die Fahrt nicht bezahlen.	○	○
4. Frau Schlenzig will nicht, dass ihre Tochter mitfährt.	○	○

5b Hören Sie das Gespräch noch einmal und beantworten Sie die Fragen. 3

1. Wohin fährt die Klasse?
2. Wie viel kostet die Fahrt?
3. Wie alt sind die Schüler?
4. Wem kann der Schulverein helfen?

6a Welche Argumente kann es gegen Klassenfahrten geben? Was kann man tun, damit es keine Probleme gibt? Ordnen Sie zu und diskutieren Sie im Kurs.

Ü20

Es gibt Eltern, die eine Klassenfahrt nicht bezahlen können. **1** ○
Bei Klassenfahrten sind die Schüler oft ohne Aufsicht. **2** ○
Es kann passieren, dass die Schüler Alkohol trinken. **3** ○

○ **A** Es muss allen klar sein, dass Drogen und Alkohol verboten sind.
○ **B** Es muss Regeln geben, z. B. wie lange man abends weggehen darf.
○ **C** Man kann finanzielle Hilfe bekommen, z. B. vom Schulverein.

6b Haben Sie Kinder, die schon einmal eine Klassenfahrt gemacht haben? Wohin sind sie gefahren? Welche Erfahrungen haben sie gemacht?

1 Alles klar!

Kommunikation

1 Berichten Sie über Ihre Kindheit und Jugend. Schreiben Sie vier Sätze.

1. Immer wenn ich Ferien hatte, ______________________.
2. Als ich ________ Jahre alt war, ______________________.
3. Mit ________ Jahren ______________________.
4. ______________________.

2 Ein Elterngespräch in der Schule. Ordnen Sie den Dialog. Kontrollieren Sie dann mit der CD. 4

- ◯ Guten Tag, Frau Zeiss. Ja, leider ist Daniel in Englisch jetzt sehr schlecht.
- ◯ Sprechen Sie heute Abend mit Ihrem Sohn. Ich sage ihm morgen im Unterricht, wann und wo der Förderunterricht stattfindet und ich sage auch dem Lehrer dort Bescheid.
- ◯ Ich schlage vor, dass Daniel hier in der Schule am Förderunterricht für Englisch teilnimmt. Er kostet nichts.
- (1) Guten Tag, Herr Binder. Ich möchte mit Ihnen über die Englischprobleme von Ihrem Sohn Daniel sprechen.
- ◯ Lernt er denn zu Hause?
- ◯ Ja, er macht immer seine Hausaufgaben. Für Englisch braucht er immer sehr lange.
- ◯ Das ist eine gute Idee. Was müssen wir dafür machen?

Wortschatz

3a In der Schule. Ergänzen Sie die Wörter.

1. die Kl_ss_nf_hrt
2. die N_chh_lf_
3. der F_chl_hr_r
4. der F_rd_r_nt_rr_cht
5. der Kl_ss_nl_hr_r
6. der _lt_rnspr_cht_g

3b Ergänzen Sie die Sätze mit den Wörtern aus 3a.

1. Für Kinder mit Problemen in einem Schulfach gibt es ______________ oder ______________.
2. Auf einem ______________ können Eltern mit dem ______________ oder dem ______________ sprechen.
3. In Deutschland machen die Schüler auch ______________.

Grammatik

4 Schreiben Sie Sätze mit *zu* + Infinitiv.

1. nicht vergessen / Milch kaufen

   Bitte vergiss nicht, ______________.
2. Spaß machen / Krimis lesen

   Es ______________.
3. keine Zeit haben / einen Tanzkurs machen

   Ich ______________.

5 *Wenn* oder *als*? Ergänzen Sie.

1. ______ ich letztes Jahr Urlaub gemacht habe, habe ich meine E-Mails nicht gelesen.
2. Immer ______ ich Urlaub habe, fahre ich nach Italien.
3. Sie war sehr froh, ______ ihr Freund gestern Abend angerufen hat.
4. Ich habe auch immer ein kleines Geschenk bekommen, ______ mein Bruder Geburtstag hatte.

Flüssig sprechen

6 Hören Sie zu und sprechen Sie nach. 5

1 Gewusst wie

Kommunikation

Über Kinder und Familie sprechen

Ich arbeite bis 13.00 Uhr. Dann hole ich meine Kinder von der Schule ab.
Es ist nicht immer einfach für mich, die Kinder allein zu erziehen.
Wenn ich arbeiten muss, passt meine Mutter auf die Kinder auf.

Über Schule und Nachhilfeunterricht sprechen

Mein Kind hat Probleme in Mathematik.
Der Förderunterricht ist ein Angebot von der Stadt. Ich finde es gut, dass man nichts bezahlen muss.
Viele Studenten bieten Nachhilfe an.

Über Klassenfahrten sprechen

Bei einer Klassenfahrt lernen sich Schüler und Lehrer besser kennen.
Damit es auf Klassenfahrten keine Probleme gibt, muss es Regeln geben.

Grammatik

Zu + Infinitiv

Sie **hat** nicht immer **Zeit**, ihre Mutter anzurufen.
Sie **verbietet** ihrem Sohn, am Computer **zu** spielen.
Es ist gut, nach der Arbeit eine Pause **zu** machen.

Zu + Infinitiv steht nach Ausdrücken mit Nomen + *haben* (z. B. Zeit/Lust/... haben), nach Ausdrücken mit *es ist* (z. B. es ist gut/schlecht/schwierig/...) sowie nach bestimmten Verben (z. B. wünschen, vergessen, anfangen, versuchen, ...).

Temporale Nebensätze mit *wenn* und *als*

Einmaliges Ereignis in der Vergangenheit: *als*
Als ich sechs Jahre alt war, bin ich in die Schule gekommen.

Mehrmaliges Ereignis in der Vergangenheit: } *wenn*
Ereignisse in der Gegenwart und Zukunft: } *wenn*

Immer **wenn** ich meine Großeltern besucht habe, habe ich mich sehr gefreut.
Immer **wenn** meine Freundin mich besucht, gehen wir zusammen ins Kino.
Wenn wir morgen Abend weggehen, passt meine Mutter auf die Kinder auf.

Sie lernen:

- *Personen beschreiben und sagen, wie man Personen findet*
- *Gespräche führen*
- *Kommunikation ohne Worte*
- *Adjektivdeklination mit Artikel im Dativ und ohne Artikel*
- *„um ... zu" + Infinitiv, „damit", „anstatt ... zu" + Infinitiv, „nicht ..., sondern"*

2

Kontakte

1 Ü1 **Beschreiben Sie die Personen auf den Fotos. Wen finden Sie sympathisch?**

elegant – gepflegt – leger – streng – locker – erfolgreich – ordentlich – schick – beliebt – muskulös – ...

2 Ü2 **Wählen Sie eine Person aus und schreiben Sie etwas über sie. Die Fragen helfen. Vergleichen Sie im Kurs.**

Welche Ausbildung hat er/sie? Was ist er/sie von Beruf?
Wo arbeitet er/sie? Ist er/sie im Beruf erfolgreich?
Was sind seine/ihre Stärken und Schwächen?
Ist er/sie zufrieden? Ist er/sie verheiratet? Was macht er/sie in seiner/ihrer Freizeit?
Macht er/sie lieber etwas allein oder lieber mit anderen Leuten?

3 **„Kleider machen Leute." Stimmt das? Sprechen Sie im Kurs.**

A Personen beschreiben

1 Zwei Personen reden über die Leute an der Bushaltestelle. Über welche Personen sprechen sie? Hören Sie und kreuzen Sie an. 6

2a Lesen Sie und markieren Sie alle Dativformen im Text.

Ü3+4

- Schau mal, die schlanke Frau mit den blonden Haaren und der schicken Sporttasche. Sie hat ein nettes Lächeln und die sportliche Kleidung gefällt mir. Sie macht einen sympathischen Eindruck.
- Ja, aber ich finde die junge Frau in dem hellblauen Kleid mit den bunten Punkten netter. Sie sieht toll aus. Warum hat sie so ein großes Geschenkpaket?
- Also, mir gefällt die Frau nicht, sie wirkt so unnatürlich. Und den jungen Mann mit dem großen Rucksack und der dunkelgrünen Hose finde ich auch unsympathisch. Die grüne Hose ist hässlich und passt nicht zu dem gelben Hemd. Das sieht unmöglich aus.
- Also, ich finde, er sieht nett aus!

! **Adjektivendungen im Dativ**

m	(mit) dem/einem groß**en** Rucksack
n	(mit) dem/einem hellblau**en** Kleid
f	(mit) der/einer grün**en** Hose
Pl.	(mit) den/- blond**en** Haaren

2b Was tragen die anderen Leute auf dem Bild? Sprechen Sie.

Der Mann mit dem großen Hund trägt eine blaue Hose und ...

3a Kontaktanzeigen. Was glauben Sie: Welche Person passt zu welcher Anzeige?

1 
2 
3 
4 
5 
6 

◯ Schlanke, attraktive Frau, 27, mit akademischer Ausbildung sucht tierlieben, älteren, intelligenten Mann für gemeinsame Zukunft.

◯ **Selbstständiger Malermeister**, 43, mit achtjähriger Tochter sucht Frau, die gut kocht und Kinder mag. Biete großes Haus mit großer Küche, riesigem Garten, schöner Terrasse und viel Liebe!

◯ Liebe Frau, 35, sucht nach großer Enttäuschung Sicherheit mit neuem Partner. Willst du auch eine Familie gründen und machst gern Sport? Dann melde dich (gerne mit Bild) unter Chiffre 9472859

◯ ***Netter, romantischer Mann, 33, mit sicherer Arbeitsstelle und teurem Auto wünscht sich sympathische, junge Partnerin (25–30) für gemeinsame Zukunft.***

3b Lesen Sie die Anzeigen noch einmal. Können Sie den Grammatikkasten ergänzen?

Ü5

!

	Nominativ	**Akkusativ**	**Dativ**
m	nett___ Mann	netten Mann	(mit) nett___ Mann
n	großes Haus	groß___ Haus	(mit) großem Haus
f	lieb___ Frau	liebe Frau	(mit) lieber Frau

4a Ergänzen Sie die Adjektivendungen in den Kontaktanzeigen.

Ü6

Gebildet___ Frau, 31, sucht interessant___ Partner mit gut___ Beruf.

Freundlich___ Mann wünscht sich gemeinsam___ Leben mit attraktiv___ Frau.

Sympathisch___ Sie möchte großzügig___ Ihn für sicher___ Zukunft kennenlernen.

4b Schreiben Sie eine Kontaktanzeige. Die Wörter im Kasten helfen.

Ehrlich	Mann		humorvoll	Mann	für die Freizeit
Nett	Frau		treu	Frau	für gemeinsamen Urlaub
Intelligent	Er	sucht	berühmt	Ihn	für Heirat
Romantisch	Sie		reich	Sie	für immer
…			…		…

B Richtig bewerben

1 Vor dem Bewerbungsgespräch. Hören Sie und ordnen Sie zu. 7

Seine Frau hat ihm eine neue Krawatte gekauft. 1 ○	○ A Er will sicher wirken.
Er hat sich über die Firma informiert. 2 ○	○ B Er soll gut aussehen.
Er hat seine Stärken und Schwächen analysiert. 3 ○	○ C Er will nicht zu spät kommen.
Er nimmt den Einladungsbrief mit. 4 ○	○ D Er will gut vorbereitet sein.
Seine Frau ruft ein Taxi. 5 ○	○ E Er will ihn an der Rezeption zeigen.

2 Schreiben Sie die Sätze aus Aufgabe 1 wie im Beispiel.

Ü7–9

1. Er nimmt ein Taxi, *um nicht zu spät zu kommen.*
2. Er hat seine Stärken analysiert, *um* ____ zu wirken.
3. Er nimmt den Einladungsbrief mit, um *um* ____
4. Er hat sich über die Firma informiert, um *um* ____
5. Seine Frau hat ihm eine neue Krawatte gekauft, *damit* ____

!

Gleiches Subjekt: ***um ... zu*** + **Infinitiv** oder ***damit***
Er nimmt ein Taxi. Er will nicht zu spät kommen.
Er nimmt ein Taxi, **um** nicht zu spät **zu kommen**. / Er nimmt ein Taxi, **damit** er nicht zu spät kommt.
Verschiedene Subjekte: immer ***damit***
Seine Frau ruft ein Taxi. Er will nicht zu spät kommen.
Seine Frau ruft ein Taxi, **damit** er nicht zu spät kommt.

3 Wozu braucht Herr Ehrlicher das? Ordnen Sie zu. Fragen und antworten Sie.

Ü10

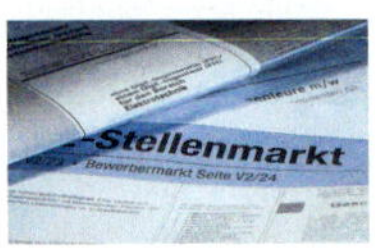

Bewerbung unterschreiben – Bewerbung schreiben – Bewerbung verschicken – Stellenanzeigen finden – Bewerbung ausdrucken

Wozu braucht er eine Briefmarke?

Er braucht die Briefmarke, um die Bewerbung zu verschicken.

4a Auch Herr Murks hat ein Bewerbungsgespräch. Was macht er anders als Herr Ehrlicher? Ordnen Sie die Sätze zu.

kritisiert seine alte Firma – schaut seine Gesprächspartnerin an – achtet auf seine Kleidung – ist sehr unhöflich – redet ohne Pause

Herr Ehrlicher – ein Mann mit Erfolg

hört seiner Gesprächspartnerin zu.

____

spricht positiv über seine alte Firma.

____

ist freundlich.

Herr Murks – ein Mann ohne Erfolg

____

schaut auf den Boden.

____

trägt unpassende Kleidung.

____

4b Was macht Herr Murks falsch? Schreiben Sie die Sätze aus 4a wie im Beispiel.

Ü11–15

!

Mit *(an)statt* + *zu* + **Infinitiv** und *nicht ..., sondern ...* kann man sagen, dass man etwas macht und etwas anderes nicht macht.

Anstatt seiner Gesprächspartnerin **zuzuhören**, redet Herr Murks ohne Pause.
Herr Murks hört seiner Gesprächspartnerin **nicht** zu, **sondern** redet ohne Pause.

Er schaut seine Gesprächspartnerin nicht an, sondern schaut auf den Boden.
Anstatt seine Gesprächspartnerin anzuschauen, ...

5 Ein Bewerbungsgespräch. Schreiben Sie Tipps zur Vorbereitung, zur Kleidung und zum Gespräch für die Personen.

1. Frau Groß hat ein Vorstellungsgespräch als Kellnerin in einem Restaurant.
2. Herr Klein hat ein Vorstellungsgespräch im Supermarkt als Abteilungsleiter.

Frau Groß sollte sich über das Restaurant informieren. ...

C Gespräche führen

1a Ü16 **Lesen Sie die Vorschläge und kreuzen Sie an: Was ist Ihrer Meinung nach wichtig, was ist weniger wichtig, was ist falsch?**

Hier finden Sie zehn Vorschläge für Gespräche mit anderen Menschen.

	wichtig	weniger wichtig	falsch
1. Sagen Sie immer Ihre Meinung.	○	○	○
2. Zeigen Sie, dass Sie gute Laune haben.	○	○	○
3. Fragen Sie immer, wenn Sie etwas nicht verstehen.	○	○	○
4. Suchen Sie eine Lösung, wenn es Konflikte gibt.	○	○	○
5. Unterbrechen Sie andere nicht, wenn sie sprechen.	○	○	○
6. Versuchen Sie, die Meinung von anderen zu verstehen.	○	○	○
7. Bleiben Sie in Gesprächen immer freundlich.	○	○	○
8. Stimmen Sie Ihrem Gesprächspartner immer zu.	○	○	○
9. Beenden Sie das Gespräch, wenn man Sie kritisiert.	○	○	○
10. Sprechen Sie ruhig und sicher.	○	○	○

1b **Vergleichen Sie Ihre Ergebnisse im Kurs.**

2a Ü17 **Was finden Sie noch wichtig? Machen Sie Notizen und sagen Sie, warum.**

Aufmerksamkeit finde ich wichtig.
Ich finde es nicht gut, wenn man nicht zuhört.

2b Ü18 **Diskutieren Sie im Kurs über Ihre Ergebnisse.**

Ich finde es wichtig, dass man bei Konflikten gut zuhört.

Da hast du / haben Sie recht. Man sollte immer aufmerksam sein.

Es kann falsch sein, immer die Meinung zu sagen.

Vielleicht. Aber es ist auch schlecht, wenn man nie etwas sagt.

Ich finde es wichtig, ...
Es kann falsch sein, ...
Ich bin der Meinung, dass ...
Meiner Meinung nach ...

☺ Da haben Sie / hast du recht.
Das meine ich auch.
☺ Vielleicht, aber es ist nicht immer gut, wenn ...
Man sollte nicht immer ...
☹ Das meine ich nicht.
Ich finde es falsch, wenn ...

D Kommunikation ohne Worte

1a Ü19

Was denken Sie? Was bedeuten diese Gesten in Deutschland? Ordnen Sie zu.

1. Ich kann dich nicht verstehen.
2. Du spinnst ja!
3. Das ist wirklich sehr schlimm!
4. Das schmeckt super!
5. Das weiß ich nicht.
6. Nein, so geht das nicht!
7. Wir telefonieren.

1b Ü20

Lesen Sie den Text. Von welchen Gesten in 1a handelt er? Was bedeuten sie in anderen Ländern?

Wenn man bei geschlossener Hand nur den Daumen und den kleinen Finger ausstreckt, so ist das in Deutschland eine Aufforderung zum Telefonieren. In China bedeutet diese Geste die Zahl sechs und in Südeuropa, z. B. in Italien, versteht man sie als Zeichen fürs Trinken.
Wenn man sich in Europa mit dem Zeigefinger an die Stirn tippt, zeigt man jemandem den Vogel. Das heißt, man denkt, dass er spinnt oder Unsinn erzählt. In den USA beispielsweise kann die Geste auch bedeuten, dass jemand besonders schlau war oder dass man angestrengt nachdenkt. Dabei spielt auch die Mimik eine große Rolle.

1c

Gibt es diese Gesten auch bei Ihnen? Welche macht man häufig?

2 Alles klar!

Kommunikation

1 Wie finden Sie diese Tipps? Schreiben Sie Ihre Meinung zu den Sätzen.

1. Man sollte andere nicht unterbrechen, wenn sie sprechen.

   Ich bin der Meinung, dass das ______________________

   ____

   ____

2. Wenn man schlechte Laune hat, sollte man das zeigen.

   Meiner Meinung nach ist das ______________________

   ____

   ____

Wortschatz

2a Was passt? Ordnen Sie zu.

sportlich 1	A der Erfolg
erfolgreich 2	B die Sicherheit
aufmerksam 3	C der Sport
sicher 4	D das Interesse
interessant 5	E die Aufmerksamkeit

2b Ergänzen Sie die passenden Wörter aus 3a.

Herr Ehrlicher war __________. Er hat eine Stelle gefunden, weil er immer __________ die Stellenanzeigen gelesen hat. Seine Arbeit findet er sehr __________. Jetzt haben er und seine Frau mehr __________ und können eine Wohnung kaufen. Aber Herr Ehrlicher muss jetzt viel arbeiten und hat keine Zeit mehr für __________.

Grammatik

3 **Ergänzen Sie die Adjektivendungen.**

1. Auf dem Markt kann man viel kaufen. Es gibt frisch___ Gemüse, grüne___ Salat, neu___ Kartoffeln und ich kaufe auch eine groß___ Gurke.
2. Am Morgen macht mich heiß___ Kaffee wach. Mein Mann trinkt kalt___ Milch.
3. Der Mann mit der schwarz___ Hose und dem blau___ Hemd sieht sehr elegant aus.

4 **Schreiben Sie Sätze mit *um ... zu* + Infinitiv oder *damit*.**

1. Christian will seine Frau nicht bei der Arbeit stören.
   Christian geht leise durch das Zimmer, ______________________________.
2. Seine Frau will eine gute Prüfung schreiben.
   Seine Frau lernt viel, ______________________________.
3. Seine Frau kann länger lernen.
   Christian kocht das Abendessen, ______________________________.

5 **Miriam ist neu in der Stadt und sucht Freunde. Was kann sie tun? Was sollte sie nicht machen? Schreiben Sie Sätze mit *anstatt ... zu* + Infinitiv oder *nicht ..., sondern*.**

☹	☺
immer zu Hause bleiben	abends etwas unternehmen
immer allein in der Ecke sitzen	auf Festen tanzen
allein Sport machen	ins Fitnessstudio gehen

1. Anstatt immer zu Hause ______________________________.
2. Sie sollte nicht ______________________________.
3. ______________________________.

Flüssig sprechen

6 **Hören Sie zu und sprechen Sie nach.** 8

2 Gewusst wie

Kommunikation

Personen beschreiben und sagen, wie man Personen findet

Ich finde den Mann mit der blauen Jacke sympathisch. Er hat ein freundliches Gesicht.
Die Frau mit dem dunkelroten Kleid sieht nett aus. Sie macht einen offenen Eindruck.
Es gibt aber auch Leute, die ich unsympathisch finde.

Gespräche führen

Es kann falsch sein, dem Gesprächspartner immer zuzustimmen.
Ich finde es wichtig, dass man in Gesprächen freundlich bleibt und aufmerksam zuhört.

Grammatik

Adjektivendungen im Dativ nach bestimmtem und unbestimmtem Artikel

m	(mit) dem/einem groß**en** Rucksack
n	(mit) dem/einem blau**en** Kleid
f	(mit) der/einer grün**en** Hose
Pl.	(mit) den/- blond**en** Haaren

Adjektivendungen mit Nomen ohne Artikel

	Nominativ	Akkusativ	Dativ
m	groß**er** Mann	groß**en** Mann	(mit) groß**em** Mann
n	groß**es** Haus	groß**es** Haus	(mit) groß**em** Haus
f	groß**e** Frau	groß**e** Frau	(mit) groß**er** Frau
Pl.	groß**e** Kinder	groß**e** Kinder	(mit) groß**en** Kindern

Um ... zu + Infinitiv und *damit*

Gleiches Subjekt: ***um ... zu*** + **Infinitiv** oder ***damit***

Er nimmt ein Taxi. Er will nicht zu spät kommen.
Er nimmt ein Taxi, **um** nicht zu spät **zu kommen**.
Er nimmt ein Taxi, **damit** er nicht zu spät kommt.

Verschiedene Subjekte: immer **damit**
Seine Frau ruft ein Taxi. Er soll nicht zu spät kommen.
Seine Frau ruft ein Taxi, **damit** er nicht zu spät kommt.

Anstatt ... zu + Infinitiv und *nicht ..., sondern.*

Mit ***(an)statt ... zu*** + **Infinitiv** und ***nicht ..., sondern*** kann man sagen, dass man etwas macht und etwas anderes nicht macht.

Herr Murks hört seinen Gesprächspartnern **nicht** zu, **sondern** redet ohne Pause.
Anstatt seinen Gesprächspartnern **zuzuhören**, redet Herr Murks ohne Pause.

Sie lernen:
- über Aufgabenteilung im Haushalt und Gleichberechtigung sprechen
- über Erfahrungen in Deutschland sprechen
- „obwohl“ und „trotzdem“, „weil“ und „deshalb“
- Genitiv und Genitivpräpositionen
- Präposition + „einander“

3

Frauen und Männer heute

1 Wie sieht ein Tag bei Familie Bosch aus? Erzählen Sie.

2 Wer macht was in der Familie Bosch? Hören Sie und kreuzen Sie an. 9

Ü1

	Frau Bosch	Herr Bosch	beide
1. um die Kinder kümmern	○	○	○
2. putzen	○	○	○
3. einkaufen	○	○	○
4. im Garten arbeiten	○	○	○
5. den Urlaub planen	○	○	○
6. Reparaturen im Haus	○	○	○
7. Geld verdienen	○	○	○

3 Wer macht was bei Ihnen zu Hause?

Ü2

Mein Mann kümmert sich genauso oft um die Kinder wie ich.

Am Abend wasche ich immer das Geschirr ab.

A Gleichberechtigung

1a Ü3

Was heißt Gleichberechtigung? Notieren Sie die Informationen aus dem Text.

Gleichberechtigung: Frauen und Männer, Jungen und Mädchen sollen die gleichen Chancen haben: in der Schule, in der Ausbildung und im Beruf. Es darf keine Nachteile oder Vorteile für eine Gruppe geben. Frauen dürfen also nicht weniger verdienen als Männer, wenn sie in der gleichen Position sind, und sie müssen die gleichen Karrierechancen haben. In Ehe und Familie bedeutet Gleichberechtigung, dass sich die Ehepartner die Aufgaben, z. B. Kinderbetreuung und -erziehung, Hausarbeit und Einkaufen teilen.

Beruf: ____________________

Ehe und Familie: ____________________

1b

Drei Frauen und zwei Männer sprechen über Gleichberechtigung. Hören Sie und kreuzen Sie an: richtig oder falsch? 10

		R	F
1.	Für Frau Jahn ist es wichtig, dass sie sich frei fühlt.	○	○
2.	Frau Möller hat keine Zeit für ihre Kinder.	○	○
3.	Herr Bart findet, man muss viel über Gleichberechtigung sprechen.	○	○
4.	Herr Vogt macht genauso viel wie seine Frau.	○	○
5.	Frau Hamm ist zufrieden, weil die Frauen schon viel erreicht haben.	○	○

2

Hören Sie die Meinungen noch einmal. Was denken Sie? Diskutieren Sie. 10

Ich finde, in der Politik gibt es inzwischen viele Frauen.

Herr Bart sagt, dass seine Frau zufrieden ist. Ich bin aber nicht sicher, ob das stimmt.

Ich glaube, es stimmt, dass in der Wirtschaft nur wenige Frauen in Spitzenpositionen sind.

3a Ü4

Lesen Sie die Sätze aus den Hörtexten und markieren Sie: Wo steht das Verb?

1. Abends bin ich oft müde. **Trotzdem** nehme ich mir genug Zeit für die Kinder.
2. **Obwohl** auch Männer die Kinder erziehen sollten, machen das oft nur die Frauen.
3. **Obwohl** viele Frauen studieren, machen nur wenige Karriere.
4. Der Weg für uns Frauen ist noch lang. **Trotzdem** dürfen wir nicht aufgeben.

!

Der Weg für uns Frauen ist noch lang. **Trotzdem** dürfen wir nicht aufgeben.
Obwohl der Weg für uns Frauen noch lang ist, dürfen wir nicht aufgeben.

3b Schreiben Sie die Sätze aus Aufgabe 3a anders.

Ü5

1. Obwohl ich abends oft müde ________, ____________ ich mir genug Zeit für meine Kinder.
2. Auch Männer ______________ die Kinder erziehen. ______________ machen das oft nur die Frauen.
3. Viele ______________________. Trotzdem ______________________.
4. Obwohl ______________________, ______________________.

4a Ordnen Sie die Sätze und Bilder zu.

Ü6–8

1. Die Aussicht ist sehr schön. Sie machen keine Fotos.
2. Er hat viel gegessen. Er ist immer noch hungrig.
3. Das Wasser ist sehr kalt. Die Leute baden.
4. Der Wecker klingelt. Sie wacht nicht auf.
5. Er wohnt schon lange in der Wohnung. Er grüßt die Nachbarn nicht.
6. Sein Zug hatte Verspätung. Er hat den Anschlusszug noch erreicht.

4b Erzählen Sie. Was machen die Leute, obwohl ...?

Obwohl die Aussicht sehr schön ist, ...

Die Aussicht ist sehr schön. Trotzdem ...

4c Und Sie? Machen Sie Notizen und berichten Sie.

Obwohl das Fahrrad sehr teuer war, habe ich es gekauft.

B Eine Migrantin erzählt

1 Ü9 **Lesen Sie den Text und notieren Sie die Informationen und die Zeilenzahl.**

Wie leben Frauen in Deutschland? Was denken Migrantinnen darüber? In unserer Reihe „Migrantinnen in Deutschland" erzählt heute Irina Bulgakova aus Russland.

Ich lebe seit vier Jahren in Deutschland. Ich finde das Thema Gleichberechtigung sehr wichtig und interessant. Auch in Russland diskutiert man darüber, aber das Leben der Frauen ist in Russland anders als in Deutschland.

Ich glaube, es gibt in Russland heute zwei Gruppen von Frauen: Frauen, für die Heirat und Familie sehr wichtig sind und Frauen, für die ein unabhängiges Leben wichtiger ist. Für mich war die Heirat sehr wichtig und ich habe noch während des Studiums geheiratet und es unterbrochen, als ich mein Kind bekommen habe. In Deutschland hören viel weniger Frauen mit dem Studium auf, um zu heiraten. Sie heiraten erst, wenn sie mit ihrer Ausbildung oder dem Studium fertig sind und einen Beruf haben.

Im Durchschnitt heiraten Frauen in Russland heute später als noch vor zehn Jahren, aber sie sind bei der Hochzeit immer noch viel jünger als viele deutsche Frauen, so ungefähr Mitte zwanzig.

In Russland gibt es für Kinder bessere Betreuungsmöglichkeiten als in Deutschland. Oft übernehmen die Großeltern die Betreuung der Kinder und große Betriebe haben manchmal eigene Kindergärten, in denen die Kinder auch übernachten können. Ich habe selbst Kinder und hatte hier in Deutschland große Probleme, einen Betreuungsplatz zu finden, als ich arbeiten wollte. Das Risiko, dass eine Frau wegen der Kinder nicht arbeiten kann, ist meiner Meinung nach in Deutschland größer als in Russland. Trotzdem gibt es in Russland wie in Deutschland heute viel weniger Kinder als früher.

Ich kenne in Russland viele junge Ehepaare, die bei den Eltern des Mannes wohnen, weil das Geld für eine eigene Wohnung fehlt. Es ist möglich, dass viele Frauen in dieser Situation ihre alten Freunde und Bekannten verlieren, denn für ein Leben außerhalb der Familie und der Arbeit bleibt oft keine Zeit mehr.

Wie in Deutschland gibt es auch in Russland viele Ehescheidungen. Die Scheidung ist unkomplizierter als in Deutschland, aber ich glaube, dass die Situation der Frauen nach der Scheidung viel schlechter als hier ist. Sie bleiben in Russland mit den Kindern oft allein und die Kinder sehen ihren Vater nie wieder.

Insgesamt finde ich, dass es den Frauen in Deutschland besser als in Russland geht. Sie sind freier und unabhängiger und sie haben mehr Rechte bei einer Scheidung. Arbeitgeber dürfen Frauen wegen einer Schwangerschaft nicht kündigen und der Staat zahlt Kindergeld und Elterngeld.

An deutschen Frauen gefällt mir, dass ihr Selbstbewusstsein größer ist als bei den Frauen in Russland. Außerdem sehen sie das Leben optimistischer.

1. Heiratsalter:
2. Die Betreuungsmöglichkeiten für Kinder:
3. Wohnsituation:
4. Ehescheidungen:

2 Irina Bulgakova beschreibt auch die Situation der Frauen in Deutschland. Welche Erfahrungen haben Sie gemacht? Diskutieren Sie im Kurs.

Es hat mich überrascht, dass ...
Wenn ich ... mit Deutschland vergleiche, finde ich, dass ...
Es gibt keine großen Unterschiede zwischen Deutschland und ...
Die Situation in ... und in Deutschland ist ähnlich/verschieden. Aber ...

3 Finden Sie im Text alle Genitivformen und notieren Sie sie.

das Leben der Frauen
während des Studiums

Genitiv
m **des/eines** Mannes/Vaters
n **des/eines** Studiums
f **der/einer** Arbeit
Pl. **der/-** Kinder

Präpositionen mit Genitiv
wegen, während
innerhalb, außerhalb

4 Ergänzen Sie die Genitivformen.

Ü10–12

1. Frauen können sich nicht immer auf die Hilfe d___ Männer verlassen.
2. Sind die Wünsche ein___ Frau wirklich anders als die ein___ Mann___?
3. Ein Kind bedeutet für Frauen nicht automatisch das Ende d___ Berufsleben___.
4. Ein Großteil d___ Männer findet die Karriere wichtiger als die Familie.

5a Zahlen des Monats. Was erfahren Sie? Schreiben Sie Sätze wie im Beispiel.

Ü13–15

Zahl des Monats Juli: 10
In Deutschland bleibt jede zehnte Frau zwischen 25 und 54 wegen der Kinder zu Hause.

	Deutschland	Schweden	Irland
Frauen, die wegen der Kinder nicht berufstätig sind	9,9 %	2,1 %	23,1 %

Zahl des Monats August: 11.111
So viele Männer arbeiten in der Tagesbetreuung für Kinder. Diese Zahl scheint hoch zu sein, aber der prozentuale Anteil der Männer ist in diesem Bereich sehr klein. Das zeigen die Zahlen:

Personal in der Kinderbetreuung	ganz Deutschland	Osten	Westen
Männer	3 %	1,5 %	3,2 %
Frauen	97 %	98,5 %	96,8 %

In Deutschland bleiben 9,9 % der Frauen wegen der Kinder zu Hause.
In der Kinderbetreuung sind im Osten nur 1,5 % des Personals ...

5b Was denken Sie? Wie ist es in Ihrem Heimatland? Sprechen Sie im Kurs.

C Aufgabenteilung

1a Ü16 **Sehen Sie sich die Fotos an. Beschreiben Sie die Situation.**

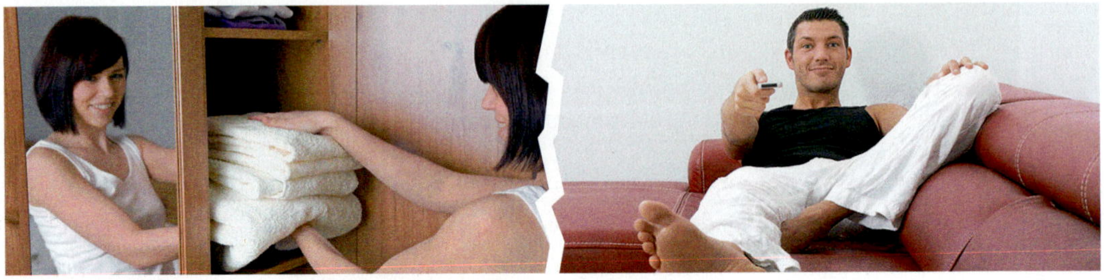

1b **Hören Sie den Text und überprüfen Sie Ihre Vermutungen.** 11

1c Ü17 **Hören Sie den Text noch einmal und beantworten Sie die Fragen.** 11

1. Warum versteht der Mann die Frau nicht?
2. Warum hat die Frau keine Zeit?
3. Warum will der Mann fernsehen?
4. Warum kann er die Küche morgen nicht aufräumen?

2 Ü18–20 **Schreiben Sie die Sätze anders.**

> **!**
> Er versteht seine Frau nicht. Der Fernseher ist zu laut.
> Er versteht seine Frau nicht, **weil** der Fernseher zu laut ist.
>
> Der Fernseher ist zu laut. **Deshalb** versteht er seine Frau nicht.

1. Der Mann hat den ganzen Tag gearbeitet. Er will fernsehen.

   Der Mann hat den ganzen Tag gearbeitet. Deshalb ______________________.

   Weil der Mann ______________________.

2. Sie bekommen Besuch. Er kann die Küche morgen nicht aufräumen.

   ______________________.

   ______________________.

3 Ü21 **Warum – weil – deshalb. Schreiben Sie Fragen und antworten Sie.**

Warum bist du morgens immer so müde?

Warum gehst du selten ins Theater?

Warum ...

D Eine Liebesgeschichte

1a **Lesen Sie und diskutieren Sie im Kurs: Welche Überschrift passt am besten?**

A Liebe auf den ersten Blick

B Liebe mit Hindernissen

C Eine Fernbeziehung

Adelina und Vincent haben sich letzten Sommer im Urlaub in Italien in einer Bar kennengelernt. Es war ein wunderbarer Abend. Sie haben sich gesehen und sofort ineinander verliebt. Zuerst haben sie miteinander gesprochen und dann die ganze Nacht miteinander getanzt. Von da an haben sie jeden Tag bis zum Ende des Urlaubs miteinander verbracht. Aber dann mussten sie beide zurück nach Deutschland fliegen. Glücklicherweise wohnen sie in Deutschland nicht weit voneinander entfernt. Vincent wohnt und arbeitet in Halle und Adelina studiert in Braunschweig Medizin. Zuerst haben sie jeden Tag miteinander telefoniert und schon kurz nach dem Urlaub haben sie sich wiedergesehen. Schon bald haben sie angefangen, jedes Wochenende zusammen zu verbringen. Manchmal fährt Vincent nach Braunschweig und manchmal kommt Adelina mit dem Zug nach Halle.
Jetzt möchte Vincent gerne mit Adelina zusammenziehen und sie heiraten, aber Adelina will das noch nicht. Sie liebt ihn, aber sie sagt, dass es für eine Heirat und eine gemeinsame Wohnung noch zu früh ist. Sie ist noch jung und ihr gefällt es gut, dass sie unter der Woche allein in Braunschweig ist. So hat sie viel Zeit für ihre Freunde und ihr Studium. In Braunschweig fühlt sie sich freier und unabhängiger und sie möchte unbedingt erst ihr Studium beenden. Außerdem findet sie, dass Vincent und sie sich noch besser kennenlernen müssen. Deshalb streiten sie manchmal.

1b **Lesen Sie die Geschichte noch einmal und beantworten Sie die Fragen.**

Ü 22+23

1. Wo haben sich Adelina und Vincent kennengelernt?
2. Warum will Adelina Vincent noch nicht heiraten?

2 **Erzählen Sie die Geschichte weiter. Die Wörter im Kasten helfen.**

Ü 24+25

sich nicht einigen – sich eine zeitlang nicht sehen – nichts voneinander hören – wieder anrufen – sich noch einmal treffen – wieder zueinander finden – heiraten

!

Vincent hat Adelina gesehen. Adelina hat Vincent gesehen.
→ Sie haben **sich** gesehen.

Vincent hat mit Adelina gesprochen. Adelina hat mit Vincent gesprochen.
→ Sie haben **miteinander** gesprochen.

3 Alles klar!

Kommunikation

1 Bringen Sie das Gespräch in die richtige Reihenfolge. Kontrollieren Sie dann mit der CD. 12

- ◯ Wie meinen Sie das?
- ◯ Ich glaube, Familien wie Ihre gibt es nur selten.
- ◯ Bei uns nicht. Mein Mann und ich, wir arbeiten beide und wir kümmern uns gemeinsam um die Kinder und den Haushalt.
- (1) Alle sagen, dass man die Aufgaben in Ehe und Familie teilen sollte, aber oft ist es noch so wie früher.
- ◯ Ich will sagen, dass in vielen Familien die Frauen zu Hause bleiben und die Männer das Geld verdienen.

2 Sprechen Sie über die Statistiken.

Tagesbetreuung für Kinder unter drei Jahren in Deutschland

Von 100 Kindern unter drei Jahren hatten im März 2010 so viele eine Tagesbetreuung:

Deutschland insgesamt:	20
Ostdeutschland:	46
Westdeutschland:	15

Teilzeitarbeit und Vollzeitarbeit Baden-Württemberg 2010:

	Vollzeit	Teilzeit
Frauen:	49 %	51 %
Männer:	91 %	9 %

In Westdeutschland hatten 2010 nur 15 % der Kinder unter drei Jahren eine Tagesbetreuung.

2010 haben in Baden-Württemberg 49 % der Frauen, die eine bezahlte Arbeit haben, in Vollzeit gearbeitet. Bei den Männern sind es ...

Wortschatz

3 Deutschland und das Heimatland vergleichen. Ergänzen Sie die Sätze.

Situation – ähnlich – Unterschiede – vergleiche – überrascht

Es hat mich __________, dass die __________ in Deutschland __________ wie in meinem Heimatland ist. Wenn ich Deutschland mit meinem Heimatland __________, finde ich, dass es keine großen __________ gibt.

Grammatik

4 Schreiben Sie die Sätze anders. Benutzen Sie *obwohl, trotzdem, weil* oder *deshalb.*

1. Sie hat eine gute Arbeit. Trotzdem verdient sie nicht viel.

   Obwohl ______________________________.

2. Obwohl ich keinen Beruf gelernt habe, habe ich Karriere gemacht.

   Ich ______________________________.

3. Sie arbeitet nicht, weil sie keine Betreuungsmöglichkeit für ihr Kind hat.

   Sie hat ______________________________.

4. Er findet seine Karrierechancen schlecht. Deshalb sucht er eine andere Arbeit.

   Er sucht ______________________________.

5 Ergänzen Sie die Genitivformen.

1. Guten Tag, Ich rufe wegen ein___ Termin___ an.
2. Während d___ Arbeit denke ich oft an meine Familie.
3. Der Flughafen ist außerhalb d___ Stadt.
4. Wenn man innerhalb ein___ Ort___ telefoniert, braucht man die Vorwahl nicht.
5. Die Mitarbeiter d___ Firma wollen mehr Geld.

6 Ergänzen Sie die Sätze.

aneinander – voneinander – miteinander

Carola und Carlos lieben sich. Sie denken oft ______________ und telefonieren jeden Tag ______________. Nachts träumen sie ______________.

Flüssig sprechen

7 Hören Sie zu und sprechen Sie nach. 13

3 Gewusst wie

Kommunikation

Über Ehe und Partnerschaft und Aufgabenteilung im Haushalt sprechen

Es ist wichtig, dass sich die Männer genauso viel um den Haushalt und die Erziehung der Kinder kümmern wie die Frauen. Die Aufgaben müssen gerecht verteilt sein.

Über Gleichberechtigung sprechen

Ich glaube, dass es in Deutschland Gleichberechtigung gibt.
Frauen und Männer haben die gleichen Rechte, aber die Karrierechancen von Männern sind besser.

Über Erfahrungen in Deutschland sprechen

Die Situation der Frauen ist in Deutschland anders als in meinem Heimatland.
Wenn ich Deutschland mit meinem Heimatland vergleiche, finde ich, dass es nur wenig Unterschiede gibt.

Grammatik

Satzverbindungen mit *trotzdem* und *obwohl*

Viele Frauen haben studiert. Sie machen keine Karriere.
Viele Frauen haben studiert. **Trotzdem** machen sie keine Karriere.
Obwohl viele Frauen studiert haben, machen sie keine Karriere.

Satzverbindungen mit *weil* und *deshalb*

Sie ist in ihrem Beruf sehr gut. Sie kann Karriere machen.
Sie kann Karriere machen, **weil** sie in ihrem Beruf sehr gut ist.
Sie ist in ihrem Beruf sehr gut. **Deshalb** kann sie Karriere machen.

Genitiv

!

Genitiv

m	**des/eines** Mannes/Vaters	(!) m/n + **-s**, die meisten einsilbigen Nomen + **-es**
n	**des/eines** Studiums	
f	**der/einer** Ausbildung	**Präpositionen mit Genitiv**
Pl.	**der/-** Kinder	wegen, während, innerhalb, außerhalb

Präposition + *einander*

Vincent hat mit Adelina gesprochen. Adelina hat mit Vincent gesprochen.
→ Sie haben **miteinander** gesprochen.

Station 1

Spiel und Spaß

1a Wählen Sie ein Wort aus. Woran denken Sie? Schreiben Sie wie im Beispiel.

Kuchen essen bei Oma.
Sonntags In die Kirche gehen.
Nachbarn ärgern.
Draußen spielen.
Hausaufgaben machen.
Eis essen.
In den Garten gehen.
Tante Lena besuchen.

Leute Kennenlernen.
O
N
T
Nie Allein sein.
K
T
E

S
C
H
U
L
E

F
A
M
I
L
I
E

1b Suchen Sie andere Wörter aus den Lektionen 1 bis 3 und schreiben Sie.

2 Ein Adjektivspiel.

Jeder schreibt wie im Beispiel ein Nomen und ein Adjektiv auf zwei Kärtchen. Mischen Sie die Karten und verteilen Sie sie im Kurs. Jeder erhält eine Frage- und eine Antwortkarte. Fragen Sie im Kurs.

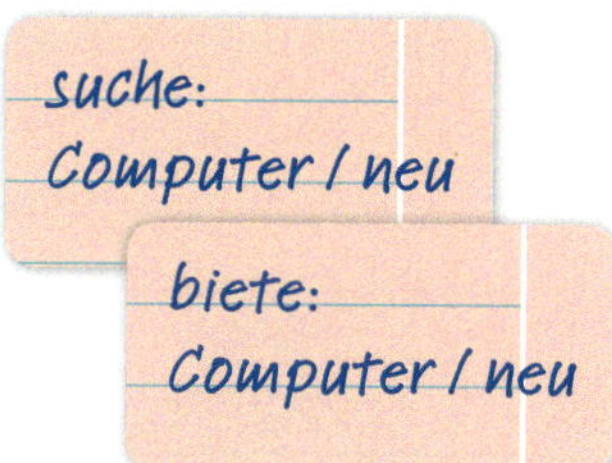

Station 1

Kaufmännische Berufe

1a Hören Sie und ordnen Sie zu. Welchen Beruf haben die Leute? 14

1 

2 

3 

der Möbelkaufmann — *der Automobilkaufmann* — *die Buchhändlerin*

Karsten Umland: ______

Silvia Bäumler: ______

Amando Pelligrini: ______

1b Lesen Sie die Texte und notieren Sie die Informationen zu den Personen.

Mein Name ist Karsten Umland. Ich arbeite in einem Autohaus. Ich verkaufe Autos und kümmere mich um Reklamationen, aber das ist nicht so leicht, wie viele Leute denken. Ich muss über neue Automodelle informiert sein und alles über Autoversicherungen und die Zulassung von Autos wissen. Oft wollen die Kunden Rabatt. Dann muss ich mit ihnen über den Preis verhandeln. Es ist wichtig, dass ich immer freundlich bin und gepflegte Kleidung trage. Ich trage bei der Arbeit einen Anzug.

Ich heiße Silvia Bäumler. Ich arbeite in einer Buchhandlung in der Abteilung für Sprachen. Ich verkaufe Wörterbücher, Grammatiken und Lehrbücher. Oft kommen Kunden und suchen z. B. ein Wörterbuch, aber sie wissen nicht genau, was es gibt. Dann berate ich sie und finde das richtige Buch für sie. Es ist wichtig, dass ich immer über aktuelle Bücher informiert bin. Freundlichkeit ist in meinem Beruf am wichtigsten. Ich muss gepflegt aussehen, aber ich kann auch leger angezogen sein.

Ich heiße Amando Pelligrini und arbeite in einem Möbelhaus. Ich verkaufe Möbel und ich berate die Kunden. Es ist also wichtig, dass ich viel über das Material der Möbel und die verschiedenen Holzsorten weiß. Ich muss geduldig sein, denn viele Kunden brauchen sehr lange, um die richtigen Möbel für ihr Wohnzimmer oder Schlafzimmer auszusuchen. In meinem Beruf ist auch die Kleidung wichtig. Bei der Arbeit trage ich immer Anzug und Krawatte.

	Arbeitsplatz	Aufgaben	Kenntnisse	Eigenschaften	Kleidung
K. Umland					

2a Hören Sie den Dialog und kreuzen Sie an: Was ist richtig? 15

1. O Es gibt ein Problem mit der Bestellung von Büchern.
2. O Frau Bäumler will für einen Kunden ein Buch bestellen.

2b Hören Sie den Dialog noch einmal und ergänzen Sie. 15

> Hat die Grammatik auch Lösungen? – Ja, bitte. Wann ist die Grammatik da? – Für die Niveaus A1 bis B1. Haben Sie so eine Grammatik? – Ich suche eine deutsche Grammatik mit Übungen. – Ich heiße Fabiola Vargas. Wie viel kostet die Grammatik?

- Kann ich Ihnen helfen?
- ____________________
- Für welches Niveau soll die Grammatik sein?
- ____________________
- Moment, da muss ich schauen. Nein, leider ist im Moment keine da. Ich muss sie bestellen. Wie ist Ihr Name?
- ____________________
- 24,95 Euro.
- ____________________
- Nein, für die Lösungen brauchen Sie ein Extraheft. Es kostet 8,95 Euro. Soll ich das auch bestellen?
- ____________________
- Sie können sie morgen ab 11.00 Uhr abholen.

2c Variieren Sie den Dialog.

Kunde/Kundin
Sie suchen ein Buch für die DTZ-Vorbereitung. Es soll Lösungen und eine CD mit Hörtexten haben.

Sie suchen auch ein Lektürebuch, das für Deutschlerner ab A2 geeignet ist.

Verkäufer/in
Sie müssen das Buch bestellen. Es kostet 16,95 Euro. CD und Lösungen sind im Buch.

Sie haben einen Krimi. Er kostet 9,95 Euro und Sie müssen ihn nicht bestellen.

Prüfungsvorbereitung DTZ: Lesen

Teil 1 Sie wollen Ihrer Familie und Freunden VHS-Kurse empfehlen. Lesen Sie die Aufgaben 1 bis 5 und das Inhaltsverzeichnis des VHS-Katalogs. Wo (A, B oder C) finden Sie etwas Passendes? Markieren Sie Ihre Lösungen für die Aufgaben 1 bis 5 auf dem Antwortbogen auf Seite 123.

Beispiel:

Eine Freundin möchte wissen, wie man eine gute Bewerbung schreibt.

0 **A** Alltagswissen
B Arbeit und Beruf
C Andere Seite

○ ● ○
A B C

1 Ein Freund von Ihnen sucht Hilfe, weil sein Sohn Probleme in der Schule hat.
A Schulabschlüsse – Grundbildung
B Für Jugendliche
C Andere Seite

2 Ihr Ehepartner will die japanische Küche kennenlernen.
A Gesundheit
B Essen und Trinken
C Andere Seite

3 Eine Freundin muss für ihren Beruf Englisch lernen.
A Sprachen
B Arbeit und Beruf
C Andere Seite

4 Ein Freund möchte gern Theater spielen.
A Literatur und Theater
B Kunst
C Andere Seite

5 Ihre Tochter (16 Jahre) möchte gern lernen, wie man gut fotografiert.
A Kunst
B Für Jugendliche
C Andere Seite

VHS Kursprogramm

Für Jugendliche
- Kickboxen
- Physik
- Werkstatt
- Mathe
- Labor
- Berufswahl

Für Eltern
- Kindererziehung
- Schulprobleme
- Kleinkinder

Für Senioren
- Gymnastikkurse
- Yogakurse
- Ernährung im Alter
- Studienreisen

Alltagswissen
- Mietrecht
- Arbeitsrecht
- Richtig versichern
- Geldanlagen
- Verbraucherrechte

Kunst
- Malkurse
- Zeichnen
- Fotografieren
- Film

Literatur und Theater
- Krimis
- Neue Romane
- Schreibwerkstatt
- Theatergruppe
- Stadttheater

Gesundheit
- Vorträge
- Fitness
- Gesunde Küche
- Entspannung
- Stressmanagement

Essen und Trinken
- Grundkurs Kochen
- Gourmetküche
- Japanisch Kochen
- Weinseminar

Sprachen
- Englisch
- Französisch
- Spanisch
- Italienisch
- Portugiesisch
- Niederländisch

Deutsch als Fremdsprache
- Integrationskurse
- Grammatik
- Konversation
- Prüfungsvorbereitung
- Abendkurse

Arbeit und Beruf
- Bewerbungstraining
- Konflikte bei der Arbeit
- Richtig telefonieren

Schulabschlüsse – Grundbildung
- Hauptschulabschluss
- Abendrealschule
- Abendgymnasium
- Grundkurse Mathematik

Computerkurse
- Word
- Excel
- Powerpoint
- Windows 7
- Einführung ins Internet
- Webdesign

Regionen und Landschaften

1a Lesen Sie die Postkarte und ordnen Sie die Fotos den Abschnitten zu.

1

2

3

4

Hallo Manuel,
unsere Rheinfahrt mit dem Schiff war wirklich toll. Die Fahrt von Basel nach Köln hat vier Tage gedauert, wir haben viel gesehen und viele Fotos gemacht.
In Kehl sind wir über die Europabrücke nach Straßburg in Frankreich gegangen.
Besonders gut hat uns die Strecke zwischen Bingen und Koblenz gefallen. Hier ist der Rhein ganz eng, es gibt viele Burgen und links und rechts sind hohe Felsen.
Übrigens ist auf dem Rhein ein Verkehr wie auf der Autobahn. Überall fahren Fähren, Binnenschiffe und Ausflugsdampfer.
Die letzte Station war Köln. Wir haben den Dom und das Stadtzentrum besucht und dann noch in einem Restaurant am Rheinufer gegessen. Danach sind wir mit dem Zug nach Hause gefahren.
Liebe Grüße Uta und Bernd

Manuel Meisner
Sandweg 14
60316 Frankfurt/Main

1b Lesen Sie noch einmal und beantworten Sie die Fragen.

1. Wo hat die Fahrt angefangen?
2. Was war besonders schön?
3. Was haben Uta und Bernd in Köln gemacht?

2 Suchen Sie auf der Karte im Umschlag andere Flüsse in Deutschland und ordnen Sie zu.

Dieser Fluss ist nur in Deutschland.	1 ○	○ A	Weser
Dieser Fluss ist ein Grenzfluss.	2 ○	○ B	Donau
Dieser Fluss fließt in ein anderes Land.	3 ○	○ C	Oder
Dieser Fluss kommt aus einem anderen Land.	4 ○	○ D	Elbe

Sie lernen:

- über eine Firma sprechen
- über einen Arbeitskonflikt diskutieren
- eine schriftliche Bewerbung verstehen
- eine Gehaltsabrechnung lesen
- Adjektive mit „un-" und „-los"
- Nomen, die man wie Adjektive dekliniert
- temporale Nebensätze mit „während", „bevor" und „nachdem"

4 Aus der Arbeitswelt

1a Hören Sie und bringen Sie die Fotos in die richtige Reihenfolge. 16

1b Arbeitswelt. Ordnen Sie die Begriffe zu.

Kollege – Betrieb – ~~Verwaltung~~ – Betriebsrat – Kantine – ~~Betriebsfeier~~ – Vorgesetzte – Betriebsversammlung – Schichtarbeit – ~~Chef~~ – Produktion

Organisation	Personen	Sonstiges
Verwaltung	Chef	Betriebsfeier

1c Was sind wichtige Themen am Arbeitsplatz? Sprechen Sie im Kurs und ergänzen Sie in 1b.

Ich finde, Sicherheit ist ein wichtiges Thema.

A Ein Arbeitskonflikt

1 Ü2

Arbeitnehmerproteste. Lesen Sie und beantworten Sie die Fragen.

Arbeitnehmerproteste in Unterode

Protestierende Arbeitnehmer

3.000 Menschen haben am Dienstag in Unterode gegen die mögliche Schließung des Matzon-Werkes demonstriert. In Zukunft will der Autozulieferer in Rumänien produzieren. Maria Pustova, die in der Produktion arbeitet, sagt: „Wir haben alle Angst, dass wir arbeitslos werden. Wir müssen für unsere Arbeitsplätze kämpfen. Ich bin jetzt 56 und in meinem Alter ist es fast unmöglich, eine neue Arbeit zu finden." Sehr pessimistisch ist auch Alfonso Moran, der im Kundenservice arbeitet: „Ich suche jetzt eine neue Arbeit, denn die Situation hier ist sehr unsicher." Hans Maier, der Vorsitzende des Betriebsrats, fordert Verhandlungen darüber, dass das Werk in Unterode bleibt. Er droht mit Streik, wenn die Verhandlungen erfolglos bleiben. Alexandra Lauter, die Vertreterin der Geschäftsführung, sagt: „Hier in Unterode sind die Kosten für die Produktion ungewöhnlich hoch. Wir müssen billiger werden, denn sonst sind wir gegen die Konkurrenz chancenlos. Deshalb bauen wir das Werk in Rumänien."

Große Sorgen hat auch die Bürgermeisterin von Unterode, Luise Hambacher. Sie sagt: „Die Situation bei Matzon ist auch für die Stadt und ihre Einwohner ein Problem. Matzon ist in Unterode ein wichtiger Arbeitgeber. Wenn Matzon nicht hier bleibt, bekommen wir weniger Steuern und müssen vielleicht ein Schwimmbad schließen. Es ist auch möglich, dass private Geschäfte schließen müssen."

1. Warum haben die Menschen in Unterode demonstriert?
2. Was will der Betriebsrat?
3. Was will die Geschäftsleitung?
4. Welche Sorgen hat die Bürgermeisterin?

2 Ü3–5

Was bedeuten die Wörter? Lesen Sie die Zeitungsmeldung noch einmal und finden Sie die passenden Adjektive.

1. ohne Arbeit – ______
2. ohne Chancen – ______
3. ohne Erfolg – ______
4. nicht sicher – ______
5. nicht gewöhnlich – ______
6. nicht möglich – ______

!

Adjektive mit Negation

mit der Nachsilbe *-los*:	Sie ist **arbeitslos.** / Sie hat **keine Arbeit.**
mit der Vorsilbe *un-*:	Die Arbeitsplätze sind **unsicher.** / Die Arbeitsplätze sind **nicht sicher.**

3a Die Einigung. Lesen Sie den Text und kreuzen Sie an: richtig oder falsch?

Ü6+7

Einigung in Unterode

Nach vierwöchigen Verhandlungen haben der Betriebsrat und die Geschäftsleitung von Matzon einen Kompromiss für das Werk in Unterode gefunden. Ein Teil der Produktion bleibt jetzt in Unterode. Von den 1.500 Beschäftigten müssen 500 den Betrieb verlassen. Der Vorsitzende des Betriebsrats Hans Maier ist nicht ganz zufrieden. Er sagt: „Wir konnten 1000 Arbeitsplätze retten, aber leider verlieren 200 Angestellte in der Verwaltung und 300 Produktionsmitarbeiter ihren Arbeitsplatz. Wir haben mit der Geschäftsleitung einen Sozialplan vereinbart. Die Beschäftigten, die ihre Arbeit verlieren, erhalten Abfindungen und Angebote für Fortbildungen. Außerdem gibt es eine Betriebsvereinbarung, die den Mitarbeitern, die bleiben, für die nächsten drei Jahre Kündigungsschutz garantiert." Alexandra Lauter von der Geschäftsführung ist zufrieden: „Mit dem Kompromiss können wir in Rumänien produzieren, um Kosten zu sparen und gleichzeitig Arbeitsplätze in Unterode sichern."

	R	F
1. Matzon kündigt in Unterode insgesamt 200 Mitarbeitern.	○	○
2. Mitarbeiter, die ihre Arbeit verlieren, bekommen Hilfe.	○	○
3. Für die Mitarbeiter, die bei Matzon bleiben, ist der Arbeitsplatz für drei Jahre sicher.	○	○
4. Das Unternehmen baut das Werk in Rumänien nicht.	○	○

3b Lesen Sie noch einmal und ergänzen Sie die Endungen.

Ü8

1. Von den 1 500 Beschäftigt___ müssen 500 den Betrieb verlassen.
2. Der Vorsitzend___ des Betriebsrats Hans Maier ist nicht ganz zufrieden.
3. Leider verlieren 200 Angestellt___ in der Verwaltung ihren Arbeitsplatz.
4. Die Beschäftigt___, die ihren Arbeitsplatz verlieren, erhalten Abfindungen.

!

Nomen, die man wie Adjektive dekliniert

	Nom	Akk	Dat
m	der Angestellte	den Angestellt**en**	dem Angestellt**en**
	ein Angestellt**er**	einen Angestellt**en**	einem Angestellt**en**
f	die Angestellte	die Angestellte	der Angestellt**en**
	eine Angestellte	eine Angestellte	einer Angestellt**en**
Pl.	die Angestellt**en**	die Angestellt**en**	den Angestellt**en**
	- Angestellte	- Angestellte	- Angestellt**en**

4 Ist die Lösung des Arbeitskonflikts für die Mitarbeiter und das Unternehmen gut? Diskutieren Sie im Kurs.

Ich finde, dass das eine gute Lösung ist.

Meiner Meinung nach ...

Am wichtigsten finde ich, ...

B Die schriftliche Bewerbung

1 Ü9+10 **Lesen Sie die Stellenanzeigen. Was erwarten die Firmen von ihren neuen Mitarbeitern? Ergänzen Sie.**

Seit über 50 Jahren liefern wir Teile für die Automobilindustrie. Uns fehlt ein

berufserfahrener, dynamischer Mitarbeiter (m/w) für den Kundenservice.

Sie sind selbstständiges Arbeiten gewohnt und Sie sind teamfähig. Englischkenntnisse notwendig.

Voraussetzung: Kaufmännische Ausbildung

Ihre Bewerbung richten Sie bitte an:

Herrn Werner Herold
Hartwig Motorenbau
Gildehofstr. 4
45127 Essen

Wir sind ein Zulieferer für die internationale Automobilindustrie und suchen zum 1. 4. einen

berufserfahrenen Mitarbeiter für den Verkauf (w/m).

Sie haben ein abgeschlossenenes Wirtschaftstudium und mehrere Jahre Erfahrung im Verkauf bei einem Automobilzulieferer und Sie haben gute Branchenkontakte. Systematisches Arbeiten, Freundlichkeit im Kundenkontakt und sichere Englisch- und PC-Kenntnisse sowie Teamgeist sind uns wichtig. In Ihrer neuen Position sind Sie zuständig für die Bearbeitung der Kundenanfragen, Kundenbetreuung, Gewinnung von Neukunden sowie Vorbereitung der Preisverhandlungen.

Sind Sie interessiert?
Dann senden Sie bitte Ihre Bewerbung an:
Brüninghaus GmbH, z. Hd. Frau Elke Dreis, Hegelstraße 14, 40721 Hilden oder gerne auch als elektronische Bewerbung per E-Mail an: edreis@brhaus.de

	Kenntnisse/Ausbildung	Eigenschaften
Hartwig Motorenbau	Englisch	
Brüninghaus GmbH		

2 **Hören Sie das Gespräch zwischen Herrn Moran und seiner Frau und beantworten Sie die Fragen.** 17

1. Warum kann sich Herr Moran nicht bei der Firma Brüninghaus bewerben?
2. Welchen Nachteil hat das Stellenangebot der Firma Hartwig Motorenbau?
3. Welchen Beruf hat Frau Moran?
4. Was sagt sie über ihre Chancen, in Unterode eine Arbeit zu finden?
5. Warum bewirbt sich Herr Moran bei der Firma Hartwig Motorenbau?

3 Ü11–13

Lesen Sie das Bewerbungsschreiben von Herrn Moran und vergleichen Sie es mit den Erwartungen der Firma Hartwig Motorenbau. Wie zeigt Herr Moran, dass er die richtige Person für die Stelle ist? Markieren Sie und sprechen Sie im Kurs.

Alfonso Moran
Martinsgasse 7
30111 Unterode
Tel.: 06913-56732
E-Mail: a.moran@web.de

Hartwig Motorenbau
z. Hd. Herr Werner Herold
Gildehofstraße 4
45127 Essen

Unterode, 9. Mai 20...

Bewerbung als Mitarbeiter für den Kundenservice

Sehr geehrter Herr Herold,

mit großem Interesse habe ich Ihre Anzeige für eine Stelle als Mitarbeiter im Kundenservice gelesen. Ihr Stellenangebot interessiert mich, weil ich gerne selbstständiger arbeiten möchte.

Meine Ausbildung zum kaufmännischen Angestellten habe ich bei der Firma Matzon in Unterode gemacht. Seit 2004 arbeite ich bei Matzon im Kundendienst und bin unter anderem für die Kontakte zu den Kunden in Großbritannien zuständig. Ich arbeite gern im Team und beherrsche Englisch in Wort und Schrift. In den Anlagen finden Sie weitere Details zu meinem beruflichen Werdegang.

Ich denke, dass meine Berufserfahrung auch in Ihrem Betrieb nützlich sein kann. Über die Möglichkeit zu einem persönlichen Gespräch würde ich mich sehr freuen.

Mit freundlichen Grüßen

Alfonso Moran
Alfonso Moran

Anlagen:
Lebenslauf
zwei Zeugniskopien

Die Firma erwartet, dass der Mitarbeiter selbstständig ist und Herr Moran schreibt, dass er gerne selbstständiger arbeiten möchte.

4 Was macht Herr Moran? Ordnen Sie die Bilder zu.

◯ 17.10 Uhr ◯ ◯ 17.20 Uhr ◯ 18.10 Uhr

1. Er schreibt die Bewerbung.
2. Er liest die Stellenanzeigen.
3. Er sortiert die Bewerbungsunterlagen.
4. Er denkt über seine Stärken nach.

!

Herr Moran schreibt die Bewerbung.
Bevor Herr Moran die Bewerbung schreibt, liest er die Stellenanzeige.
Während Herr Moran die Bewerbung schreibt, denkt er über seine Stärken nach.
Nachdem Herr Moran die Bewerbung geschrieben hat, sortiert er die Bewerbungsunterlagen.
(!) Nach **nachdem** kann das Verb nicht im Präsens stehen.

5a Was machen Herr und Frau Moran am Morgen? Schreiben Sie Sätze.

Ü14+15

1. Herr Moran kocht Kaffee. Sie frühstücken zusammen.

   Bevor sie zusammen

2. Sie frühstücken zusammen. Sie sprechen über die Situation bei Matzon.

   Während

3. Sie frühstücken zusammen. Herr Moran geht zur Arbeit.

   Nachdem

5b Was macht Frau Moran? Schreiben Sie Sätze mit *bevor*, *während* und *nachdem*.

Ü16+17

11.00 Uhr: Sie räumt die Wohnung auf.
12.00 Uhr: Sie liest Stellenanzeigen für Musiklehrer. Sie macht Notizen.
13.00 Uhr: Sie druckt drei interessante Anzeigen aus.

C Die Gehaltsabrechnung

1 Ü18 **Herr Moran hat die Stelle bei Hartwig Motorenbau bekommen. Lesen Sie seine Gehaltsabrechnung und notieren Sie die passenden Zahlen.**

1. So viel verdient Herr Moran netto: ______
2. Diese Beträge bezahlt Herr Moran als Steuern an den Staat: 2, ______
3. Diese Beträge sind für die Sozialversicherungen: 5, ______
4. Das ist das Bruttogehalt: ______
5. Herr Moran ist Mitglied der evangelischen Kirche. Deshalb muss er auch diese Steuer bezahlen: ______

Monatsabrechnung

April 2010

Steuerklasse	Familienstand	Zuständige Krankenkasse
III	verheiratet	AOK

Arbeitgeber: Hartwig Motorenbau

Arbeitnehmer: Moran, Alfonso

1	Gehalt, allgemein	2.700,00 Euro
2	Lohnsteuer	177,17 Euro
3	Solidarzuschlag	3,04 Euro
4	Kirchensteuer	14,18 Euro
5	Krankenversicherung	216,64 Euro
6	Rentenversicherung	268,65 Euro
7	Arbeitslosenversicherung	37,80 Euro
8	Pflegeversicherung	26,33 Euro
Summe Abzüge laufender Monat		492,15 Euro
9	Nettogehalt	2.207,85 Euro

2 **Vergleichen Sie die Abrechnung mit Ihrem Heimatland.**

1. Wie viel verdienen die Menschen in Ihrem Herkunftsland im Durchschnitt?
2. Wie hoch sind die Abzüge?

In meinem Heimatland gibt es keine Kirchensteuer.

Eine Arbeitslosenversicherung haben wir nicht.

4 Alles klar!

Kommunikation

1 Ergänzen Sie die E-Mail.

Anzeige – Anlage – geehrte – Möglichkeit – Zeugnisse – persönlichen – freundlichen – Lebenslauf – Interesse

An: windacker@automüller.de
Cc: Bewerbung um einen Ausbildungsplatz als Mechatroniker
Betreff:
Anlagen: *keine*
Schriftart Schriftgr. F K U T

Sehr __________ Frau Windacker,

Ihre __________ in den „Bremer Nachrichten" für einen Ausbildungsplatz als Mechatroniker habe ich mit __________ gelesen. In der __________ schicke ich Ihnen meinen __________ und Kopien meiner __________. Ich würde mich über die __________ zu einem __________ Gespräch sehr freuen.

Mit __________ Grüßen

Martin Tobler

Wortschatz

2 Welches Wort passt nicht? Streichen Sie.

1. Werk – Betrieb – Schule – Firma
2. Betriebsrat – Familie – Geschäftsführung – Mitarbeiter
3. Lohnsteuer – Solidarzuschlag – Krankenversicherung – Kirchensteuer
4. Kollege – Produktion – Verwaltung – Kantine
5. Angestellter – Mitarbeiter – Arbeitnehmer – Unternehmen

3a Wie heißen die Adjektive?

1. ohne Chancen __________
2. ohne Fehler __________
3. ohne Arbeit __________
4. nicht sicher __________
5. nicht gewöhnlich __________
6. nicht möglich __________

3b Ergänzen Sie die passenden Adjektive aus 3a.

1. Ich bin sehr zufrieden. In meinem Test war alles richtig. Er war ______.
2. Ich weiß nicht, ob ich im Sommer nach Italien fahren soll. Ich bin ______.
3. Mein Mann hat seinen Job verloren, jetzt ist er ______.
4. Man kann nicht immer alles richtig machen. Das ist ______.

Grammatik

4 Die Wohnungsrenovierung. Schreiben Sie Sätze.

1. Frau Kuhn tapeziert ihr Wohnzimmer. Sie kauft Farbe und Pinsel.

   Bevor ______

2. Frau Kuhn tapeziert ihr Wohnzimmer. Sie hört Radio.

   Während ______

3. Frau Kuhn tapeziert das Wohnzimmer. Sie putzt das Wohnzimmer.

   Nachdem ______

5 Wie heißen die Nomen?

1. Ein Mann mit einem deutschen Pass ist ein ______ (*deutsch*),
   eine Frau mit einem deutschen Pass ist eine ______ (*deutsch*).
2. Meine Onkel und meine Tanten sind meine ______ (*verwandt*).
3. Ich habe einen ______ (*bekannt*), der eine Arbeit sucht.

Flüssig sprechen

6 Hören Sie zu und sprechen Sie nach. 18

4 Gewusst wie

Kommunikation

Über eine Firma sprechen

Die Firma, in der ich arbeite, produziert Motorenteile. 300 Mitarbeiter arbeiten in der Produktion und 100 in der Verwaltung. Ich arbeite in der Produktion und bin Mitglied des Betriebsrats. Das Unternehmen hat auch ein Werk in Portugal.

Über einen Arbeitskonflikt diskutieren

Ich bin der Meinung, dass der Betriebsrat und die Geschäftsführung von Matzon eine gute Lösung gefunden haben.
Der Betriebsrat konnte nicht alle Arbeitsplätze retten. Deshalb finde ich die Lösung schlecht.
Aber das Unternehmen muss gegen die Konkurrenz eine Chance haben.

Grammatik

Adjektive mit *-los* und *un-*

ohne Arbeit – arbeits**los**
ohne Erfolg – erfolg**los**
ohne Chancen – chancen**los**

nicht gewöhnlich – **un**gewöhnlich
nicht sicher – **un**sicher
nicht möglich – **un**möglich

Nomen, die man wie Adjektive dekliniert

!

	Nominativ	Akkusativ	Dativ
m	der Vorsitzend**e**	den Vorsitzend**en**	dem Vorsitzend**en**
	ein Vorsitzend**er**	einen Vorsitzend**en**	einem Vorsitzend**en**
f	die Vorsitzend**e**	die Vorsitzend**e**	der Vorsitzend**en**
	eine Vorsitzend**e**	eine Vorsitzend**e**	einer Vorsitzend**en**
Pl.	die Vorsitzend**en**	die Vorsitzend**en**	den Vorsitzend**en**
	- Vorsitzend**e**	- Vorsitzend**e**	- Vorsitzend**en**

Temporale Nebensätze mit *bevor*, *während* und *nachdem*

Bevor Herr Moran die Bewerbung schreibt, liest er die Stellenanzeigen.
Während Herr Moran die Bewerbung schreibt, denkt er über seine Stärken nach.
Nachdem Herr Moran die Bewerbung geschrieben hat, sortiert er die Bewerbungsunterlagen.
(!) Nach **nachdem** kann das Verb nicht im Präsens stehen.

Sie lernen:
- früher und heute miteinander vergleichen
- über Vergangenes berichten
- eine Geschichte lesen und zusammenfassen
- regelmäßige und unregelmäßige Verben im Präteritum

5 Früher und heute

1 Was kennen Sie? Was nutzen Sie in Ihrer Familie? Sprechen Sie im Kurs.

Wir hatten früher eine Satellitenschüssel. Heute sehen wir Filme aus unserem Heimatland im Internet.

Ich habe eine Playstation, aber sie ist schon älter.

2a Medien im Alltag. Hören Sie und kreuzen Sie an: richtig oder falsch? 19

	R	F
1. Herrn Lorenz stört es, wenn Leute im Zug mit dem Handy telefonieren.	○	○
2. Herr Ionesco findet Spiele auf der Playstation entspannend.	○	○
3. Frau Barberi findet HD-Fernseher zu Hause toll.	○	○
4. Frau Ionesco findet Playstations gut für Kinder.	○	○

2b Sammeln Sie im Kurs die Vorteile und Nachteile moderner Medien.

Ü1

Ich habe das Gefühl, dass das Internet auch süchtig machen kann.

A Wie es war, wie es ist ...

1a Sehen Sie sich die Fotos an. Worüber spricht der Mann? Bringen Sie die Fotos in die richtige Reihenfolge. 20

Ü2

A

C

B

D

E

1b Ü3

Lesen Sie die Sätze und sammeln Sie die Verben in einer Tabelle im Heft.

1. Früher brauchte man Glühbirnen. Heute braucht man Energiesparlampen.
2. Meine Eltern trockneten die Wäsche auf der Leine. Ich trockne sie im Trockner.
3. Meine Großeltern kochten auf dem Kohleherd. Ich koche auf dem Elektroherd.
4. Früher heizten meine Eltern mit dem Ofen. Heute heizen sie mit der Zentralheizung.
5. Mein erstes Handy benutzte ich nur für Telefongespräche. Jetzt benutze ich ein Smartphone, mit dem ich auch im Internet surfen und E-Mails schreiben kann.

Präteritum	Präsens
man brauchte	man braucht

2 Ü4–8

Ergänzen Sie die Sätze und kontrollieren Sie mit der CD. 21

!

Verben im Präteritum

	wohnen	**arbeiten**
ich	wohn**te**	arbeit**ete**
du	wohn**test**	arbeit**etest**
er/es/sie/man	wohn**te**	arbeit**ete**
wir	wohn**ten**	arbeit**eten**
ihr	wohn**tet**	arbeit**etet**
sie/Sie	wohn**ten**	arbeit**eten**

1. Vor 60 Jahren ______ *(arbeiten)* die Menschen mehr als heute. Der Arbeitstag ______ *(dauern)* acht Stunden und man ______ *(müssen)* auch am Samstag arbeiten. Die Leute ______ *(verdienen)* weniger Geld als heute.
2. Meine Eltern ______ *(haben)* viele Jahre kein Auto. Als ich zehn Jahre alt ______ *(sein)*, ______ *(kaufen)* mein Vater einen alten VW. Wir ______ (wohnen) damals in einer Mietwohnung. Später ______ *(kaufen)* meine Eltern ein Haus.

3

Sehen Sie sich noch einmal die Fotos in 1a an. Was haben Sie zu Hause? Was benutzen Sie oft oder nicht so oft? Sprechen Sie im Kurs.

B Ein modernes Märchen

1 Ü9+10 **Mögen Sie Märchen? Welche Märchen kennen Sie? Sprechen Sie im Kurs.**

2a Ü11 **Lesen Sie das Märchen und bringen Sie die Bilder in die richtige Reihenfolge.**

Das Märchen von der Feldmaus und der Stadtmaus

Es war einmal eine Feldmaus. Die lebte in ihrem hübschen kleinen Mauseloch auf einem Feld. Es gefiel ihr sehr gut dort, aber es gab weit und breit keine andere Maus (und schon gar keinen Mäuserich). So fühlte sie sich ziemlich einsam. Deshalb zog sie in die Stadt zu ihrer Cousine, der Stadtmaus.

Die Stadtmaus aber lebte in einem Internetcafé. Sie hatte ein hübsches Mauseloch mit Internetanschluss und einem kleinen Laptop. Die Feldmaus betrachtete interessiert ein Teil, das man „Computermaus" nannte. Dieses Teil sah wirklich wie eine Maus mit einem sehr langen Schwanz aus.

„Schau her!", rief die Stadtmaus und fing an, im Internet zu surfen. Die Feldmaus sah so etwas zum ersten Mal und war sehr überrascht, als die Stadtmaus ihr den Chat zeigte. Viele Namen standen auf dem Bildschirm, und alle schienen sich zu unterhalten. Es ging so schnell, dass die Feldmaus kaum verstand, was die Leute schrieben.

„Findet man da auch andere Mäuse?", fragte die Feldmaus. „Ja, sicherlich, schau doch mal ... da ist Redemaus, Mausnase, Mauskeks, Mausi und Mäusezähnchen, alles Mäuse", antwortete die Stadtmaus und sagte weiter: „Ich habe im Chat einen Mäuserich kennengelernt und bin mit ihm heute Abend verabredet. Er hat mir alles über sich erzählt. Er hat die längsten Barthaare in der Stadt und er ist Banker, sein Mauseloch ist direkt neben dem Banktresor."

Die Feldmaus half der Stadtmaus, sich für ihr erstes Maus-Blind-Date fein zu machen, sie ging mit ihrer Cousine noch bis vor die Tür und saß dann allein in dem Stadtmauseloch. „Vielleicht“, dachte sie, „vielleicht sollte ich das auch mal versuchen.“ Und sie schrieb ganz vorsichtig etwas auf dem Computer, aber sie wusste ja nicht, wie der Computer funktioniert.

Plötzlich kam die Stadtmaus zurück. „Was ist geschehen?“, fragte die Feldmaus. „Der Chatmäuserich“, rief die Stadtmaus, „der Mäuserich war gar keiner, sondern ein riesengroßer Kater und ich konnte im letzten Moment weglaufen! Und er klang so ehrlich im Chat. Nie wieder ein Blind-Date. Nie wieder chatten. Nie wieder Computer.“ Und blitzschnell schaltete sie den Computer ab.

Die Feldmaus war ganz durcheinander. Das Stadtleben fand sie gefährlich und ihr wurde klar: Hier konnte sie nicht glücklich werden, sie musste wieder auf ihr Feld. Sie bat ihre Cousine noch, ihr die Computermaus zu schenken. Die Stadtmaus tat dies gerne und die Feldmaus fuhr nach Hause. Unter dem Arm trug sie die Computermaus.

Als sie wieder zu Hause war, fühlte sie sich auch nicht mehr allein, denn sie hatte ja nun die schöne Computermaus. Hier war er, der ideale Partner: er fraß nie den Kühlschrank leer, widersprach nie und ließ auch keine Socken auf dem Wohnzimmertisch liegen. Die Feldmaus war sehr glücklich.

Und wenn sie nicht gestorben sind, dann leben sie noch heute – ohne Internetanschluss.

2b Lesen Sie das Märchen noch einmal und beantworten Sie die Fragen.

1. Warum wusste die Stadtmaus nicht, dass ihr Date eine Katze ist?
2. Warum will die Feldmaus nicht in der Stadt bleiben?

3a Unterstreichen Sie im Märchen die Präteritumsformen der folgenden Verben.

gefallen – geben – ziehen – nennen – aussehen – rufen – anfangen – sehen – stehen – scheinen – gehen – verstehen – schreiben – helfen – sitzen – denken – wissen – kommen – klingen – finden – werden – bitten – tun – fahren – tragen – fressen – widersprechen – lassen

3b Ordnen Sie die Verben in eine Tabelle im Heft.

Ü12–15

a	i/ie	o	u	Sonderformen
geben – gab	gefallen – gefiel	ziehen – zog	fahren – fuhr	nennen – nannte

4 Schreiben Sie eine Zusammenfassung. Benutzen Sie das Präteritum.

Ü16

1. Feldmaus – zur Stadtmaus ziehen
2. Stadtmaus – im Internetcafé wohnen
3. Stadtmaus – Feldmaus – Chat zeigen
4. Stadtmaus – Verabredung mit einem Chatpartner – haben
5. aber – Stadtmaus – bald zurückkommen
6. Chatpartner – großer Kater – sein
7. Feldmaus – das Leben in der Stadt – nicht gefallen
8. sie – wieder nach Hause – gehen

Die Feldmaus zog zur Stadtmaus.

Im Mündlichen benutzt man meistens das Perfekt. Das Präteritum benutzt man vor allem in schriftlichen Texten, z. B. wenn man eine längere Geschichte erzählt oder in Zeitungsberichten. Nur bei *haben, sein* und den Modalverben benutzt man auch im Mündlichen meist das Präteritum.

5 Ein Brief von der Landmaus. Kreuzen Sie an: Welches Verb ist richtig?

Ü17+18

Liebe Stadtmaus,

jetzt bin ich wieder zu Hause. Ich __1__ zuerst etwas traurig als ich hier __2__, aber jetzt __3__ es mir wieder gut. Die Computermaus hat noch kein Wort __4__ und das __5__ ich sehr angenehm.

Wann __6__ du mich besuchen?

Liebe Grüße von deiner Landmaus

1. **A** waren **B** sein **C** war
2. **A** angekommen **B** ankam **C** ankommen
3. **A** geht **B** gingen **C** gegangen
4. **A** gesagt **B** sagte **C** sagt
5. **A** finden **B** gefunden **C** finde
6. **A** konnte **B** kannst **C** können

C Früher war alles anders ...

1 Sie sehen zwei Fotos vom Potsdamer Platz in Berlin. Das Foto links ist von 1935, das Foto rechts ist von heute. Beschreiben Sie die Unterschiede.
Ü19

Früher gab es eine Straßenbahn.

Heute stehen Hochhäuser auf dem Platz. Früher waren die Gebäude hier niedriger.

2 Frau Hoffmann erinnert sich an ihre Kindheit und Jugend. Hören Sie das Interview zweimal und beantworten Sie die Fragen. 22
Ü20

1. Wie viele Geschwister hatte Frau Hoffmann?
2. Wo hat Frau Hoffmann gewohnt?
3. Was hat Frau Hoffmann jeden Tag vor der Schule gemacht?
4. Wann war Frau Hoffmann mit der Schule fertig?
5. Was hat Frau Hoffmann am Abend nach der Arbeit gemacht?
6. Was war früher anders als heute?

3 Vergleichen Sie Ihr Leben in Ihrem Heimatland mit Ihrem Leben heute in Deutschland. Wie war es damals? Wie ist es heute?
Ü21

In meinem Heimatland gab es (keinen/kein/keine) ...	Hier gibt es (keinen/kein/keine) ...
Ich hatte / Wir hatten (keinen/kein/keine) ...	Heute habe ich / haben wir (keinen/kein/keine) ...
Ich konnte/musste (nicht) ...	Hier/Heute kann/muss ich (nicht) ...
Wir konnten/mussten (nicht) ...	Hier/Heute können/müssen wir (nicht) ...
Ich fand es (nicht) gut, dass ich ...	Ich finde es (nicht) gut, dass ich hier/heute ...
Früher brauchte ich / brauchten wir ...	Heute brauche ich / brauchen wir ...

5 Alles klar!

Kommunikation

1 Ein Interview. Ordnen Sie die Fragen und Antworten zu.

Herr Holl, wann sind Sie geboren? **1**
Woran erinnern Sie sich gern? **2**
Wo haben Sie in Ihrer Kindheit mit Freunden gespielt? **3**
Was haben Sie abends gemacht? **4**
Was haben Sie nach Ihrer Schulzeit gemacht? **5**

A Ich wurde Krankenpfleger und habe bis 1990 in diesem Beruf gearbeitet.
B 1925. Nächste Woche werde ich 85.
C Wir mussten früh ins Bett. Als ich älter war, habe ich im Bett noch gelesen.
D Weil es fast keine Autos gab, haben wir oft auf der Straße Ball gespielt.
E Ich denke gern an meine Schulzeit zurück. Ich fand den Unterricht immer interessant.

Wortschatz

2 Wie heißen die Wörter? Schreiben Sie sie mit Artikel.

1 
____

2 
____

3 
____

4 
____

Grammatik

3 Wie ist es heute? Schreiben Sie Sätze im Präsens.

1. Vor 50 Jahren fuhren nur wenige Autos.
   Heute __________.
2. Vor 20 Jahren telefonierte niemand mit Handys.
   Jetzt __________.
3. Gestern kam er sehr spät nach Hause.
   Heute __________.

4 Präsens, Präteritum und Perfekt. Ergänzen Sie die Tabelle.

	Präsens	Präteritum	Perfekt
1.	wohnen		
2.			hat verdient
3.		sah aus	hat ausgesehen
4.	denken		
5.		wusste	
6.			ist gefahren
7.	ankommen		
8.			hat abgeschaltet
9.	fühlen		
10.		fand	
11.			hat gefallen
12.	geben		

5 Schreiben Sie die Geschichte in der Vergangenheit (Präteritum und Perfekt). Beachten Sie: Einige Verben bleiben im Präsens.

Am Wochenende fahren wir nach Erfurt. Dort wohnen meine Eltern. Wir wollen den Geburtstag meines Vaters feiern. Fast alle meine Geschwister kommen. Nur ein Bruder hat keine Zeit, denn er ist Arzt und muss arbeiten. Meine Eltern haben einen großen Garten, in dem wir feiern.

Am Wochenende sind wir

Flüssig sprechen

6 Hören Sie zu und sprechen Sie nach. 23

5 Gewusst wie

Kommunikation

Früher und heute miteinander vergleichen

Früher hatte ich eine Satellitenschüssel. Die brauche ich nicht mehr, weil ich jetzt Internet habe und Filme aus meinem Heimatland sehen kann.
Meine Großeltern heizten mit dem Ofen. Ich habe eine Zentralheizung.
Vor 20 Jahren hatte noch niemand ein Handy oder ein Smartphone und man benutzte Telefone, wenn man telefonieren wollte.
Früher arbeiteten die Menschen länger als heute.

Über Vergangenes berichten

Ich hatte vier Geschwister, zwei Brüder und zwei Schwestern. Wir wohnten in einem Dorf. Wir mussten jeden Morgen in die Schule laufen, aber es gab nur wenig Verkehr. Ich war sieben Jahre in der Schule. Meine Eltern hatten einen Bauernhof und nach der Schule haben wir ihnen geholfen.

Grammatik

Das Präteritum der regelmäßigen Verben

	sagen	reden
ich	sag**te**	red**e**te
du	sag**test**	red**e**test
er/es/sie/man	sag**te**	red**e**te
wir	sag**ten**	red**e**ten
ihr	sag**tet**	red**e**tet
sie/Sie	sag**ten**	red**e**ten

Das Präteritum der unregelmäßigen Verben

gehen	fahren	fliegen	geben	werden
ging	fuhr	flog	gab	wurde
ging**st**	fuhr**st**	flog**st**	gab**st**	wurd**est**
ging	fuhr	flog	gab	wurde
ging**en**	fuhr**en**	flog**en**	gab**en**	wurd**en**
ging**t**	fuhr**t**	flog**t**	gab**t**	wurd**et**
ging**en**	fuhr**en**	flog**en**	gab**en**	wurd**en**

Einige unregelmäßige Verben haben die gleichen Endungen wie regelmäßige Verben:
bringen – brach**te**
denken – dach**te**
kennen – kann**te**
wissen – wuss**te**
nennen – nann**te**

Sie finden eine Liste mit allen unregelmäßigen Verben aus Pluspunkt Deutsch ab Seite 100 im Anhang.

Sie lernen:
- über Konsum und Einkäufe sprechen
- sagen, was man sich wünscht oder tun würde
- etwas umtauschen
- Reflexivpronomen im Dativ
- Konjunktiv II

6 Konsum

1 Sehen Sie sich das Bild an und sprechen Sie im Kurs.

Ü1

Wo sind die Leute? Warum wollen sie die Sachen kaufen?
Warum streiten sich die Leute?
Wie fühlen sich die Leute, wenn sie etwas gekauft haben?
Wie fühlen sich die Leute, wenn sie wieder zu Hause sind?

2 Was ist für Sie (nicht) wichtig? Worauf achten Sie beim Einkauf?

Ü2

Für mich ist die Qualität sehr wichtig.

Bei Elektrogeräten ist mir auch die Beratung wichtig.

Für guten Service zahle ich auch gern etwas mehr.

A Der Wunschzettel

1a Ü3+4

Peter hat Geburtstag. Hören Sie und kreuzen Sie an: richtig oder falsch? 24

	R	F
1. Der Vater hat kein Geld für Geburtstagsgeschenke.	O	O
2. Peter bekommt von seinem Onkel und seiner Tante Geschenke.	O	O
3. Peter hat Geld gespart.	O	O

1b Ü5–7

Lesen Sie den Dialog und ergänzen Sie die Sätze.

- Papa, hier ist mein Wunschzettel für meinen Geburtstag.
- Na zeig mal her, Peter. Ah ja ... Du wünschst dir also ein neues Fahrrad?
- Ja, und vielleicht einen neuen Fußball und Fußballschuhe.
- Aber das sind ganz schön teure Wünsche. Das kannst du nicht alles zum Geburtstag bekommen.
- Ich bekomme doch aber auch von Onkel Erich und Tante Luise ein Geschenk. Ich habe ihnen gesagt, dass ich mir die Bücher von Harry Potter wünsche. Und ich habe auch etwas Geld gespart. Vielleicht kann ich mir den Fußball selbst kaufen.

1. Du wünschst ______ also ein neues Fahrrad?
2. Ich habe ihnen gesagt, dass ich ______ die Bücher von Harry Potter wünsche.
3. Vielleicht kann ich ______ den Fußball selbst kaufen.

!

Reflexivpronomen im Akkusativ und Dativ

		Akk	Dat
	ich	mich	mir
Ich wasche **mich**.	du	dich	dir
Ich wasche **mir** die Hände.	er/es/sie/man	sich	sich
Du wäschst **dich**.	wir	uns	uns
Du wäschst **dir** die Hände.	ihr	euch	euch
	sie/Sie	sich	sich

2 Ü8+9

Was wünschen Sie sich? Was möchten Sie sich kaufen? Fragen und antworten Sie im Kurs.

Was wünschst du dir?

Ich wünsche mir eine schöne Halskette.

Ich möchte mir eine Espressomaschine kaufen.

B Wunsch und Wirklichkeit

1a Ü10

Lesen Sie den Text und ergänzen Sie die Prozentzahlen.

Wenn eine Sternschnuppe vom Himmel fällt, hat man einen Wunsch frei. Das ist eine alte Tradition. Eine Umfrage der Krankenkasse DAK hat ergeben, was sich die Deutschen in so einem Fall wünschen. Die Befragten konnten mehr als einen Wunsch nennen. 82 % der Befragten wünschen sich Gesundheit. 48 % würden gerne im Lotto gewinnen, 37 % hätten gerne ein Leben, das weniger stressig ist, 36 % wären gerne mehr mit Freunden zusammen und 34 % wären gerne erfolgreicher im Beruf.

Gesundheit: *82 %* weniger Stress: ____ Erfolg im Beruf: ____

Lottogewinn: ____ mehr Zeit für Freunde: ____

1b Ü11+12

Lesen Sie den Text noch einmal und ergänzen Sie die Sätze.

48 % ________ gerne im Lotto gewinnen.

37 % ________ gerne ein Leben, das weniger stressig ist.

36 % ________ gerne mehr mit Freunden zusammen.

34 % ________ gerne erfolgreicher im Beruf.

!

Der Konjunktiv II für Wünsche

Für Wünsche benutzt man den Konjunktiv II. Die Verben *haben, sein* und die Modalverben haben eine eigene Konjunktivform. Für die meisten anderen Verben benutzt man **würde + Infinitiv**.

Ich würde gerne im Lotto gewinnen.

	haben	sein	würde + Inf.
ich	hätte	wäre	würde
du	hättest	wärst	würdest
er/es/sie/man	hätte	wäre	würde
wir	hätten	wären	würden
ihr	hättet	wäret	würdet
sie/Sie	hätten	wären	würden

2

Welche Wünsche haben Sie? Schreiben Sie drei Sätze.

Ich würde gerne ...

Ich hätte gerne ...

Ich wäre gerne ...

3a Was wünschen sich die Leute? Ordnen Sie die Sätze den Bildern zu.

1. Wenn ich ein neues Fahrrad hätte, wäre ich morgens schneller in der Schule.
2. Wenn ich jetzt in Italien wäre, könnte ich im Meer baden.
3. Wenn wir dieses Auto kaufen würden, müssten wir einen Kredit aufnehmen.
4. Wenn Mutti nicht so viel arbeiten müsste, könnten wir heute in den Zoo gehen.

3b Was ist die Wirklichkeit? Ergänzen Sie die Sätze wie im Beispiel.

1. Der Junge hat kein neues Fahrrad.
   Er ist morgens nicht schneller in der Schule.
2. Der Mann ist nicht in Italien.
3. Der Mann und die Frau
4. Die Mutter

4 Lesen Sie die Sätze in 3a noch einmal und ergänzen Sie die Tabelle.

Ü13+14

	können	müssen	dürfen	! sollen
ich		müsste	dürfte	sollte
du	könntest	müsstest	dürftest	solltest
er/es/sie/man	könnte		dürfte	sollte
wir			dürften	sollten
ihr	könntet	müsstet	dürftet	solltet
sie/Sie	könnten	müssten	dürften	sollten

5 Ü15+16

Ergänzen Sie die Sätze. Benutzen Sie den Konjunktiv II von *haben, sein, können* und *müssen*. Manchmal gibt es verschiedene Möglichkeiten.

1. Wenn ich einen Garten ______, ______ ich nicht so viel Geld für Gemüse ausgeben.
2. Wenn ich ein großes Haus ______, ______ meine Kinder alle ein eigenes Zimmer bekommen.
3. Wenn Kinokarten billiger ______, ______ er öfter ins Kino gehen.
4. Wenn Herr und Frau Diaz eine Spülmaschine ______, ______ Herr Diaz abends nicht immer abwaschen.
5. Wenn die Espressomaschine nicht so teuer ______, ______ wir sie kaufen.

6 Ü17+18

Was wäre, wenn ...? Fragen und antworten Sie.

Sie haben plötzlich viel Geld.

Sie haben den DTZ gemacht.

Sie können fliegen.

Der Unterricht fällt aus.

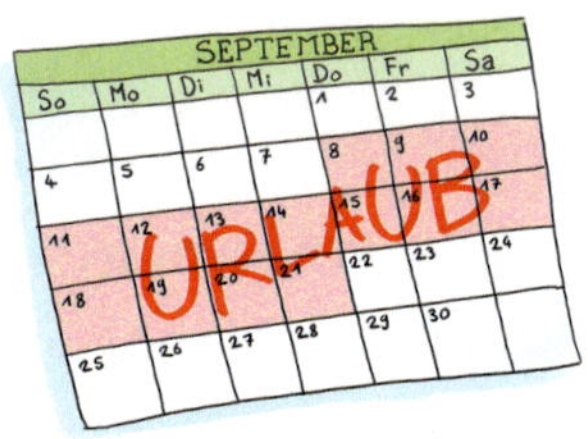

Sie haben Urlaub.

Morgen ist Sonntag.

Was wäre, wenn der Unterricht ausfallen würde?

Dann könnte ich morgens länger schlafen.

7 Ü19

Was würdest du tun, wenn ...? Fragen und antworten Sie.

Was würdest du tun, wenn du berühmt wärst?

Ich würde viele Interviews geben und in einem großen Haus wohnen. Das wäre schön.

Das wäre nichts für mich. Ich möchte nicht berühmt sein.

Wohin würdest du fahren, wenn du eine Weltreise machen könntest?

C Verbraucherschutz

1a Lesen Sie den Text und beantworten Sie die Fragen.

Die Verbraucherzentralen in Deutschland

In allen Bundesländern finden Sie die Verbraucherzentralen mit 200 Beratungsstellen. In unseren Beratungsstellen, am Telefon und im Internet beraten wir Sie zum Beispiel zu Kauf- und Dienstleistungsverträgen, falschen Versprechen aus Gewinnspielen oder zu Versicherungen.

Auf den Websites der einzelnen Verbraucherzentralen finden Sie das vollständige Beratungsangebot in Ihrem Bundesland. Klicken Sie einfach auf www.verbraucherzentralen.de.

Hier eine Auswahl aus unseren weiteren Aufgaben:

Wir
- vertreten Verbraucherinteressen gegenüber der Politik,
- informieren Medien und Öffentlichkeit über wichtige Verbraucherthemen,
- arbeiten mit Schulen und Einrichtungen der Jugend- und Erwachsenenbildung zusammen.

Wir erhalten finanzielle Unterstützung vom Staat und wir finanzieren uns durch Beratungsleistungen und den Verkauf von Informationsbroschüren.

1. Wo kann man eine Beratung durch die Verbraucherzentralen bekommen?
2. Zu welchen Themen beraten sie?
3. Welche weiteren Aufgaben haben sie?
4. Wie finanzieren sich die Verbraucherzentralen?

1b Gibt es in Ihrem Heimatland Organisationen mit ähnlichen Aufgaben wie die Verbraucherzentralen in Deutschland?

2a Ü20 Telefongespräche mit Verbraucherzentralen. Hören Sie und kreuzen Sie an: Zu welchen Fotos passen sie? 25

2b Hören Sie die Dialoge noch einmal und kreuzen Sie an: Was ist richtig? 25

Ü21

1. Die Buchhandlung hat die Bücher zurückgenommen, weil
   - O **A** sie kulant war.
   - O **B** Buchhandlungen Bücher zurücknehmen müssen.
   - O **C** die Kundin einen Gutschein akzeptiert hat.

2. Die Buchhandlung muss die CD-ROM nicht zurücknehmen, weil
   - O **A** es kein allgemeines Umtauschrecht gibt.
   - O **B** die Kundin die CD-ROM bezahlt hat.
   - O **C** die Kundin keinen Gutschein wollte.

3. Herr Baldini
   - O **A** möchte den alten Telefonanschluss kündigen.
   - O **B** hat einen neuen Telefonanschluss.
   - O **C** möchte den neuen Telefonanschluss nicht.

4. Er kann den Kaufvertrag innerhalb von 14 Tagen widerrufen, weil
   - O **A** er noch nicht bezahlt hat.
   - O **B** er den Vertrag zu Hause unterschrieben hat.
   - O **C** ihm die Verbraucherzentrale hilft.

2c Haben Sie solche oder ähnliche Situationen auch schon einmal erlebt?

3a Umtausch. Ordnen Sie den Dialog. Kontrollieren Sie mit der CD. 26

Ü22

- ◯ Das ist kein Problem, vielen Dank.
- ◯ Haben Sie den Kassenzettel?
- ◯ Guten Tag, dieses Buch hat mir ein Freund geschenkt. Aber ich habe es schon. Ich würde es gerne umtauschen.
- ◯ Ja, mein Freund hat ihn mir gegeben. Bitte sehr.
- ◯ Danke, Sie können sich ein Buch zum gleichen Preis, oder ein Buch, das teurer ist, aussuchen. Dann müssten Sie allerdings die Differenz bezahlen.

3b Variieren Sie den Dialog.

Kunde/Kundin
Sie haben einen Pullover (Größe 140) für Ihre Tochter gekauft, aber er ist zu klein. Sie wollen ihn umtauschen. Das ist nicht möglich, aber Sie akzeptieren den Vorschlag des Verkäufers / der Verkäuferin.

Verkäufer/Verkäuferin
Sie sind bereit, den Pullover umzutauschen, aber es gibt ihn nur in Größe 140. Sie können dem Kunden / der Kundin einen Gutschein für den Pullover geben.

6 Alles klar!

Kommunikation

1 Was passt zusammen? Verbinden Sie.

Beim Einkauf ist der Preis für mich wichtiger als die Beratung, **1** ○	○ **A** denn dann hat man weniger Probleme, wenn etwas kaputt geht.
Beim Kauf von Elektrogeräten finde ich die Beratung sehr wichtig, **2** ○	○ **B** denn ich habe nicht viel Geld.
Ich finde guten Service wichtig, **3** ○	○ **C** und ich bezahle lieber mehr, wenn ich genau weiß, was ich kaufe.

2 Wünsche formulieren. Ergänzen Sie die Sätze.

hätten – wäre – wünschen – wärst – möchte

1. Ich ________ gern einen langen Spaziergang machen.
2. Wir ________ gerne neue Fahrräder.
3. Wir ________ uns weniger Stress.
4. Es ________ schön, wenn du pünktlicher ________.

Wortschatz

3 Ergänzen Sie die Wörter.

zentrale – maschine – geschenke – angebote – broschüren – zettel – vertrag – stelle

1. Die Beratungs________ der Verbraucher________ in Berlin ist am Hardenberger Platz. Hier gibt es Beratungs________ und Informations________.
2. Ich habe viele Geburtstags________ bekommen, obwohl ich keinen langen Wunsch________ hatte. Ich habe mich sehr über die Espresso________ gefreut.
3. Wenn man einen Kauf________ zu Hause unterschrieben hat, kann man ihn innerhalb von zwei Wochen widerrufen.

Grammatik

4 *Mich* oder *mir*? – *Dich* oder *dir*? Ergänzen Sie.

1. Ich freue ______ auf den Urlaub. Freust du ______ auch?
2. Wann kaufst du ______ einen neuen Computer? Ich habe ______ letzte Woche einen neuen gekauft.
3. Du musst ______ jetzt anziehen, in zehn Minuten kommt der Bus. Zieh ______ auch einen Pullover an, denn es ist kalt draußen.
4. ◖ Vor dem Essen musst du ______ die Hände waschen.
   ◖ Ich habe ______ die Hände schon gewaschen.
5. ◖ Ich möchte ______ ein neues Auto kaufen.
   ◖ Schon wieder? Du hast ______ doch erst vor zwei Jahren ein Auto gekauft.

5 Schreiben Sie die Sätze mit Konjunktiv II.

1. öfter benutzen – er – sein Auto
   Wenn er besser Auto fahren könnte, ____________________.
2. müssen – noch arbeiten – mit 70 Jahren – die Leute
   Würdest du es schlecht finden, wenn ____________________?
3. rauchen – ich – weniger / sparen – viel Geld – ich
   Wenn ____________________.
4. schwimmen – können – Frau Buch / machen – Urlaub am Meer – sie
   Wenn ____________________.
5. haben – wir – ein Haus / haben – können – wir – einen Gemüsegarten
   Wenn ____________________.

Flüssig sprechen

6 Hören Sie zu und sprechen Sie nach. 27

6 Gewusst wie

Kommunikation

Über Konsum und Einkäufe sprechen

Wenn ich einkaufe, achte ich manchmal auf den Preis und manchmal finde ich Service und Beratung wichtig, zum Beispiel bei teuren Elektrogeräten.
Ich verdiene nicht viel, deshalb ist für mich der Preis beim Einkauf sehr wichtig.

Etwas umtauschen

Guten Tag, ich habe gestern diese Hose für meinen Sohn gekauft, aber sie ist zu klein. Kann ich sie umtauschen?
Eine Freundin hat mir zum Geburtstag dieses Buch geschenkt. Kann ich ein anderes Buch bekommen? Den Kassenzettel habe ich.

Sagen, was man sich wünscht oder kaufen will

Ich wünsche mir zum Geburtstag einen Computer.
Ich kaufe mir bald einen neuen Herd.

Sagen, was man tun würde, wenn ...

Wenn ich den Führerschein hätte, würde ich ein Auto kaufen.
Ich würde in Urlaub fahren, wenn ich nicht arbeiten müsste.

Grammatik

Reflexivpronomen im Akkusativ und Dativ

	Akkusativ	Dativ
ich	mich	mir
du	dich	dir
er/es/sie/man	sich	sich
wir	uns	uns
ihr	euch	euch
sie/Sie	sich	sich

Ich wasche **mich**.
Ich wasche **mir** die Hände.
Du wäschst **dich**.
Du wäschst **dir** die Hände.

Konjunktiv II

	haben	sein	können	müssen	dürfen	! sollen	würde + Inf.
ich	hätte	wäre	könnte	müsste	dürfte	sollte	würde
du	hättest	wärst	könntest	müsstest	dürftest	solltest	würdest
er/es/sie/man	hätte	wäre	könnte	müsste	dürfte	sollte	würde
wir	hätten	wären	könnten	müssten	dürften	sollten	würden
ihr	hättet	wärt	könntet	müsstet	dürftet	solltet	würdet
sie/Sie	hätten	wären	könnten	müssten	dürften	sollten	würden

Ich würde gerne im Lotto gewinnen. Ich hätte gern mehr Geld.

Station 2

Spiel und Spaß

1 *Es war einmal ...* Erfinden Sie zusammen eine Geschichte. Die Wörter im Kasten helfen.

> leben – arbeiten – wollen – müssen – dürfen – können – sein – machen – treffen – gehen – kommen – verlassen – ...
> es war einmal – an einem schönen Tag – vor langer Zeit – plötzlich – dann – danach – schließlich – am Ende – zum Schluss – ...

2a Wörter erklären und raten. Wählen Sie ein Wort aus der Liste aus und erklären Sie es Ihrem Lernpartner, aber sagen Sie es nicht. Er muss das Wort raten.

die Großfamilie	die Gleichberechtigung	das Internetcafé
die Klassenfahrt	die Ausbildung	der Energiesparlampe
der Gesprächspartner	der Betriebsrat	die Bohrmaschine
die Zukunft	das Gehalt	der Verbraucherschutz

Ich spreche von einer Familie, die sehr groß ist.

In der Schule macht man manchmal eine Reise.

2b Suchen Sie weitere Wörter in den Wortlisten im Arbeitsbuch in den Lektionen 1 bis 6 und erklären Sie sie.

Akademische Berufe

1 Was denken Sie? Für welche Berufe braucht man ein Studium? Kreuzen Sie an und vergleichen Sie Ihre Ergebnisse im Kurs.

- O Politiker
- O Journalist
- O Friseur
- O Ingenieur
- O Psychologe
- O Künstler
- O Handwerker
- O Arzt
- O Physiker
- O Manager
- O Chemiker
- O Lehrer
- O Polizist
- O Informatiker
- O Jurist

Wenn man Jurist werden möchte, muss man auf jeden Fall studieren.

Viele Politiker haben studiert, aber man kann auch ohne ein Studium Politiker werden.

2a Hören Sie das Interview mit dem Studienberater Günter Bertram. Welche Berufe aus Aufgabe 1 nennt er? 28

2b Hören Sie das Interview noch einmal und ordnen Sie zu. 28

1. Diplom, Bachelor, Master und Promotion
2. Das Staatsexamen
3. Allgemeine Hochschulreife
4. Das Fachabitur
5. Eine Fachoberschule
6. Das Gymnasium bietet
7. Eine Fachhochschule
8. An der Universität
9. Studiengebühren
10. Auf dem zweiten Bildungsweg

- A ist eine Prüfung des Staates
- B ist ein anderes Wort für Abitur.
- C lernt man mehr Theorie.
- D sind Hochschulabschlüsse.
- E hat eine berufliche Orientierung.
- F macht man auf Fachoberschulen.
- G gibt es nicht in allen Bundesländern.
- H kann man neben dem Beruf das Abitur oder die Mittlere Reife machen.
- I eine allgemeinere und breitere Schulbildung.
- J ist auch wissenschaftlich, aber die Forschung ist praxisbezogen.

3 Vergleichen Sie die Informationen über Hochschulen und Studium in Deutschland mit Ihrem Heimatland. Welche Unterschiede gibt es?

i

Unter der Internetadresse www.bildungsserver.de bekommen Sie weitere Informationen über das deutsche Bildungssystem. Man kann in Deutschland auch studieren, wenn man das Abitur in einem anderen Land und in einer anderen Sprache gemacht hat. Ausländer, die in Deutschland studieren wollen, brauchen eine Anerkennung, dass ihr Schulabschluss das gleiche Niveau hat wie das Abitur und sie müssen eine Sprachprüfung machen.

4 **Lesen Sie die Texte und beantworten Sie die Fragen.**

Das Know-how des Übersetzers

„Jeder kann doch Englisch!" ist eine Aussage, über die Florian Willer nur lachen kann. Der 30-jährige technische Übersetzer ist gut im Geschäft und er weiß, was er kann. Seit sieben Jahren ist er selbstständiger Übersetzer für Englisch-Deutsch und Deutsch-Englisch. An der Fachhochschule Flensburg hat er „Internationale Fachkommunikation" studiert. „Um technische Fachtexte übersetzen zu können, muss man fundierte Grammatikkenntnisse in beiden Sprachen mitbringen und zudem die Materie so gut beherrschen, dass man auch den Ausgangstext versteht!" Seine Kunden wissen sein Fachwissen zu schätzen. In seiner Kartei hat er über 50 Auftraggeber, für die er zum Teil schon seit Jahren arbeitet. Nach dem Studium hat Florian Willer zunächst ein dreimonatiges Praktikum bei einer Berliner Übersetzungsagentur gemacht. Er sagt: „Das war eine wichtige Hilfe für meinen Einstieg in die Selbstständigkeit."

1. Wo hat Florian Willer studiert?
2. Welche Kenntnisse sind für seine Arbeit wichtig?
3. Warum war das Praktikum nach dem Studium wichtig für ihn?

Individuelle Software für den Kunden

Nach fünf Semestern Informatik-Studium in ihrem Heimatland Kirgistan kam Julia Klaric mit ihrer Familie nach Deutschland. Hier machte sie zunächst Sprachkurse und studierte dann an der Hochschule Ravensburg-Weingarten weiter. Im Mai 2009 hat sie ihr Diplom in Angewandter Informatik gemacht. Seit September 2009 arbeitet sie bei der CAS Software AG in Karlsruhe. „Die persönliche Atmosphäre hier gefällt mir sehr", sagt die 32-Jährige.
Sie entwickelt für die Firmenkunden Softwarelösungen. Sie arbeitet nicht nur in ihrem Büro in Karlsruhe, sondern oft fährt sie auch zu den Kunden, um an Meetings oder Workshops teilzunehmen. Für ihre Arbeit ist deshalb nicht nur fachliches Know-how sehr wichtig, sondern auch soziale Kompetenz: „Man muss kontaktfreudig sein und gern mit Kunden und Kollegen zusammenarbeiten", erklärt Julia Klaric. „Darüber hinaus sollte man Interesse an neuen Technologien mitbringen, denn in der Informatik lernt man nie aus."

4. Wo hat Frau Klaric studiert?
5. Welche Aufgaben hat sie in der Firma?
6. Welche Kompetenzen sind für ihre Arbeit wichtig?

5 **Wie sind in Ihrem Heimatland die Berufsaussichten, wenn man ein abgeschlossenes Studium hat? Berichten Sie im Kurs.**

Prüfungsvorbereitung DTZ: Hören

Teil 1 Sie hören vier Ansagen. Zu jeder Ansage gibt es eine Aufgabe. Welche Lösung (A, B oder C) passt am besten? Markieren Sie Ihre Lösungen für die Aufgaben 1–4 auf dem Antwortbogen auf Seite 123. 29

Beispiel:

Wann soll Herr Bossel in die Schule kommen?

0 **A** Um 15.00 Uhr.
B Um 11.00 Uhr.
C Um 11.15 Uhr.

○ ○ ●
A B C

1 Wo fährt der Zug nach Heilbronn ab?
A Am selben Bahnsteig gegenüber.
B Auf Gleis 2.
C Auf Gleis 10 b.

2 Was ist im Sonderangebot?
A Hackfleisch.
B Wurst.
C Käse.

3 Was soll Hannelore mitbringen?
A Die Tasche.
B Die Eintrittskarten.
C Die Brille.

4 Was sollen die Badegäste machen?
A Im Wasser bleiben.
B Das Wasser sofort verlassen.
C Im Schwimmbad bleiben.

Teil 2 Sie hören vier Ansagen aus dem Radio. Zu jeder Ansage gibt es eine Aufgabe. Welche Lösung (A, B oder C) passt am besten? Markieren Sie Ihre Lösungen für die Aufgaben 5–8 auf dem Antwortbogen auf Seite 123. 30

5 Wie wird das Wetter am Montag?
A Es wird sonnig.
B Es regnet.
C Es wird wärmer als am Sonntag.

6 Bis wann hat das Geschäft am Samstag geöffnet?
A Bis 18.00 Uhr.
B Bis 20.00 Uhr.
C Bis 24.00 Uhr.

7 Was hören Sie?
A Die Nachrichten.
B Eine Sportsendung.
C Ein Interview.

8 Wo sind die Tiere?
A Auf der A5.
B Auf der A8.
C Auf der B30.

Teil 3 Sie hören zwei Gespräche. Zu jedem Gespräch gibt es zwei Aufgaben. Entscheiden Sie bei jedem Gespräch, ob die Aussage dazu richtig oder falsch ist und welche Antwort (A, B oder C) am besten passt. Markieren Sie Ihre Lösungen für die Aufgaben 9–12 auf dem Antwortbogen auf Seite 123. 31

Beispiel:

Sie hören ein Gespräch in einer Apotheke.

Der Mann soll die Tabletten

0 **A** siebenmal am Tag nehmen.
B dreimal am Tag nehmen.
C einmal am Tag nehmen.

● richtig ○ falsch

○ A ● B ○ C

9 Herr Haaf und Frau Gumpert wollen ein Straßenfest organisieren.

10 Warum kommt Herr Haaf erst um zehn Uhr abends?
A Er geht mit seiner Tochter zu einem Konzert.
B Er kommt erst spät von einer Geschäftsreise zurück.
C Er muss eine Fotoausstellung eröffnen.

11 Das Gespräch findet in der Schule statt.

12 Stefan
A findet die Schule im Moment nicht wichtig.
B hatte auch im letzten Jahr schlechte Noten.
C will nicht mit seiner Mutter sprechen.

Teil 4 Sie hören Aussagen zu einem Thema. Welcher der Sätze A–F passt zu den Aussagen 13–15? Markieren Sie Ihre Lösungen für die Aufgaben 13–15 auf dem Antwortbogen auf Seite 123. 32

Beispiel:

○ A ○ B ○ C ● D ○ E ○ F

A Von Sport kann man auch krank werden.
B Man sollte nur Sport treiben, wenn es auch wirklich Spaß macht.
C Sport allein ist für die Gesundheit nicht genug.
D Wenn man viel Sport macht, bleibt man gesund.
E Sport ist vielleicht gut für die Gesundheit, aber nicht für die Umwelt.
F Man kann auch ohne Sport fit und gesund sein.

Station 2

Regionen und Landschaften

1 Lesen Sie die Einträge im Internetforum und beantworten Sie die Fragen.

http://www.reisetipps.de

Jule99
Reisende
Anmeldedatum: 02.05.2010
Beiträge: 7

Verfasst am: 02.11.2011, 13:10 Titel: Lüneburger Heide

Hallo,
ich möchte gerne einen Kurzurlaub in der Lüneburger Heide machen? Wer kann mir Tipps geben?

Vielen Dank, Juliana

Kari17
Vielreisende
Anmeldedatum: 25.10.2010
Beiträge: 5

Verfasst am: 08.11.2011, 08:07 Titel: Lüneburger Heide Tipps

Hallo Juliana,
du musst unbedingt den Naturpark Lüneburger Heide besuchen. Man kann sehr gut wandern und Rad fahren. Ich schicke dir zwei Fotos mit. Da siehst du einen Schäfer mit seiner Herde und den Wilseder Berg. Er ist mit 169 Metern der höchste Punkt der Lüneburger Heide.

Viel Spaß, Katharina

Nikolas
Heimatsuchender
Anmeldedatum: 13.04.2006
Beiträge: 59

Verfasst am: 10.11.2011, 15:07 Titel: Lüneburger Heide Tipps

Liebe Juliana,
ich empfehle dir auch einen Besuch des Dorfes Müden. Hier gibt es viele sehr alte Bauernhöfe. Ein interessantes Naturdenkmal ist die Eiche „Hillige Eeke", die über 600 Jahre alt ist (siehe Foto).

LG Nikolas

1. Welche Tipps gibt Katharina für den Naturpark Lüneburger Heide?
2. Warum empfiehlt Nikolas das Dorf Müden?

2 Was finden Sie interessant?

3 Wählen Sie eine Region Ihres Heimatlandes und stellen Sie sie vor.

Grammatik im Überblick

1 Verben

1a Präsens

Regelmäßige Verben

Infinitiv		kommen	heißen	arbeiten*
Singular	**ich**	komme	heiße	arbeite
	du	kommst	heißt	arbeitest
	er/es/sie/man	kommt	heißt	arbeitet
Plural	**wir**	kommen	heißen	arbeiten
	ihr	kommt	heißt	arbeitet
	sie/Sie	kommen	heißen	arbeiten

Woher kommen Sie?

*genauso: antworten: er/sie antwortet, abmelden: er/sie meldet ab, ...

Verben mit Vokalwechsel e→i/ie und a→ä

		e→i	e→ie	a→ä
Infinitiv		**sprechen**	**lesen**	**fahren**
Singular	**ich**	spreche	lese	fahre
	du	sprichst	liest	fährst
	er/es/sie/man	spricht	liest	fährt
Plural	**wir**	sprechen	lesen	fahren
	ihr	sprecht	lest	fahrt
	sie/Sie	sprechen	lesen	fahren

Sie spricht sehr gut Deutsch.

Alle Verben mit Vokalwechsel aus Pluspunkt A1 und A2 finden Sie in der Verbliste auf den Seiten 100–104.

Unregelmäßige Verben

Infinitiv		sein	haben	mögen	möchten	wissen
Singular	**ich**	bin	habe	mag	möchte	weiß
	du	bist	hast	magst	möchtest	weißt
	er/es/sie/man	ist	hat	mag	möchte	weiß
Plural	**wir**	sind	haben	mögen	möchten	wissen
	ihr	seid	habt	mögt	möchtet	wisst
	sie/Sie	sind	haben	mögen	möchten	wissen

Trennbare Verben

auf|stehen	→	Ich	**stehe**	um acht Uhr	**auf.**
ein|kaufen	→	Er	**kauft**	Lebensmittel	**ein.**

Alle trennbaren Verben aus Pluspunkt B1 sind in der Wortliste ab Seite 117 so markiert: **ab\|biegen**

Modalverben

Infinitiv		**können**	**wollen**	**müssen**	**dürfen**	**sollen**
Singular	**ich**	kann	will	muss	darf	soll
	du	kannst	willst	musst	darfst	sollst
	er/es/sie/man	kann	will	muss	darf	soll
Plural	**wir**	können	wollen	müssen	dürfen	sollen
	ihr	könnt	wollt	müsst	dürft	sollt
	sie/Sie	können	wollen	müssen	dürfen	sollen

Ich	kann	gut Deutsch	sprechen.
Er	muss	heute um acht Uhr	aufstehen.
Hier	darf	man nicht	abbiegen.

Das Verb *lassen* + Infinitiv

Frau Nie	lässt	Max	impfen.
Ich	lasse	mein Auto	reparieren.
Sie	lassen	die Wohnung	streichen.

Zu + Infinitiv

Sie hat nicht immer Zeit, ihre Mutter	anzurufen.
Sie verbietet ihrem Sohn, am Computer	zu spielen.
Es ist gut, nach der Arbeit eine Pause	zu machen.

Zu + Infinitiv steht nach Ausdrücken mit Nomen + *haben* (z. B. Zeit/Lust/... haben, nach Ausdrücken mit *es ist* (z. B. es ist gut/schlecht/schwierig/...) sowie nach bestimmten Verben (z. B. wünschen, vergessen, anfangen, versuchen, ...).

1b Imperativ

	Sie	du	ihr
machen	Machen Sie ...	Mach ...	Macht ...
sprechen	Sprechen Sie ...	Sprich ...	Sprecht ...
mitkommen	Kommen Sie ... mit!	Komm ... mit!	Kommt ... mit!
(!) **fahren**	Fahren Sie ...	Fahr ...	Fahrt ...
(!) **sein**	Seien Sie ...	Sei ...	Seid ...

Schreiben Sie, bitte!

1c Präteritum

Sein und *haben*

Infinitiv		sein	haben
Singular	**ich**	war	hatte
	du	warst	hattest
	er/es/sie/man	war	hatte
Plural	**wir**	waren	hatten
	ihr	wart	hattet
	sie/Sie	waren	hatten

Waren Sie schon einmal in Berlin?

Nein, leider noch nicht.

Modalverben

Infinitiv		können	wollen	müssen	dürfen	sollen
Singular	**ich**	konnte	wollte	musste	durfte	sollte
	du	konntest	wolltest	musstest	durftest	solltest
	er/es/sie/man	konnte	wollte	musste	durfte	sollte
Plural	**wir**	konnten	wollten	mussten	durften	sollten
	ihr	konntet	wolltet	musstet	durftet	solltet
	sie/Sie	konnten	wollten	mussten	durften	sollten

Regelmäßige Verben

Infinitiv		sagen	reden
Singular	**ich**	sagte	redete
	du	sagtest	redetest
	er/es/sie/man	sagtet	redete
Plural	**wir**	sagten	redeten
	ihr	sagtet	redetet
	sie/Sie	sagten	redeten

Unregelmäßige Verben

Infinitiv		gehen	fahren	fliegen	geben	werden
Singular	**ich**	ging	fuhr	flog	gab	wurde
	du	gingst	fuhrst	flogst	gabst	wurdest
	er/es/sie/man	ging	fuhr	flog	gab	wurde
Plural	**wir**	gingen	fuhren	flogen	gaben	wurden
	ihr	gingt	fuhrt	flogt	gabt	wurdet
	sie/Sie	gingen	fuhren	flogen	gaben	wurden

Einige unregelmäßige Verben haben die gleichen Endungen wie regelmäßige Verben:

bringen – brachte	denken – dachte
kennen – kannte	wissen – wusste
nennen – nannte	

Sie finden eine Liste mit allen unregelmäßigen Verben aus Pluspunkt Deutsch ab Seite 100 im Anhang.

1d Perfekt

Haben/Sein + Partizip

	haben/sein		Partizip am Ende
Er	hat	in einer Großstadt	gelebt.
Ich	bin	1995 nach Deutschland	gekommen.
Wann	sind	Sie nach Deutschland	gefahren?
	Haben	Sie gestern auf dem Markt	eingekauft?

Perfekt mit *sein* oder *haben*?

Die meisten Verben bilden das Perfekt mit *haben.*

Verben der Bewegung bilden das Perfekt mit *sein*: abbiegen, abfahren, ankommen, aufstehen, ausgehen, fahren, fliegen, gehen, joggen, kommen, laufen, mitfahren, mitkommen, reinkommen, reisen, schwimmen, umsteigen, umziehen, vorbeikommen, wandern, wegfahren, weiterfahren, zurückfahren, zurückkommen

Außerdem auch: einschlafen, bleiben, sein, passieren, werden

Partizipien

		trennbare Verben	ohne „ge-“ • Verben mit der Vorsilbe be-, emp-, ent-, er-, ge-, ver-, zer- • Verben mit der Endung -ieren
regelmäßig (Endung „t“)	**ge ... t** gespielt gesucht gezahlt	**... ge ... t** mitgespielt	**... t** bezahlt versucht passiert
unregelmäßig (Endung „en“)	**ge ... en** gekommen gefahren gegangen	**... ge ... en** angekommen abgefahren mitgegangen	**... en** bekommen verstanden gefallen

1e ## Konjunktiv II

Konjunktiv II von *haben, sein* und den Modalverben

	haben	sein	können	müssen	dürfen	sollen
ich	hätte	wäre	könnte	müsste	dürfte	sollte
du	hättest	wärst	könntest	müsstest	dürftest	solltest
er/es/sie/man	hätte	wäre	könnte	müsste	dürfte	sollte
wir	hätten	wären	könnten	müssten	dürften	sollten
ihr	hättet	wärt	könntet	müsstet	dürftet	solltet
sie/Sie	hätten	wären	könnten	müssten	dürften	sollten

Konjunktiv II mit *würde* + Infinitiv

Den Konjunktiv II kann man auch mit *würde* + Infinitiv bilden.

	würde
ich	würde
du	würdest
er/es/sie/man	würde
wir	würden
ihr	würdet
sie/Sie	würden

Wunschsätze mit *würde gern(e)* + Infinitiv

Ich	würde gern(e)	in Vollzeit	arbeiten.
Sie	würde gern(e)	Medizin	studieren.
Wir	würden gern(e)	eine Radtour	machen.

Ratschläge mit *sollte* + Infinitiv

Ich	sollte	weniger	rauchen
Du	solltest	mehr Sport	machen.
Bei Stress	sollte	man sich	entspannen.

Höfliche Bitten mit *könnte* und *würde* + Infinitiv

Könntest	du mir den Kugelschreiber	geben?
Würden	Sie bitte das Radio leiser	machen?

Bedingungssätze mit *wenn* + Konjunktiv II

Wenn	er	Zeit	hätte,	würde	er in Urlaub	fahren.
Sie	würde	keine Radtour	machen,	**wenn**	Winter	wäre.

1f Verben und Ergänzungen

Verben mit Nominativ und Akkusativ

Nominativ	Verb	Akkusativ
Ich	habe	einen Sohn.
Er	isst	einen Hamburger.
Wir	besichtigen	die Stadt.

genauso: brauchen, sehen, nehmen, besichtigen, möchten, ...

Verben mit Nominativ, Dativ und Akkusativ

Nominativ	Verb	Dativ	Akkusativ
Der Beamte	gibt	mir	das Formular.
Er	schenkt	seinem Vater	eine Krawatte.
Sie	schenkt	ihrer Mutter	einen Pullover.

genauso: bringen, holen, erklären, ...

Verben mit Nominativ und Dativ

Nominativ	Verb	Dativ
Wir	helfen	euch.

genauso: helfen, gehören, ...

Ein Verb mit Nominativ und Nominativ

Nominativ	Verb	Nominativ
Das	ist	ein Mantel.

1g Verben mit Präpositionen

Verben mit Präposition + Akkusativ/Dativ

Ich **denke an** meine Kinder.
Ich **freue** mich **auf** den Urlaub.
Er **träumt von** einem langen Urlaub.
Wir **nehmen an** der Veranstaltung **teil**.

Alle Verben mit Präposition aus Pluspunkt B1 finden Sie in der Verbliste auf Seite 105.

Präpositionalpronomen

Frage: wo + (r) + Präposition:

- **Worauf** freust du dich? - Ich freue mich auf den Urlaub.

genauso: wofür, womit, wovon, woran ...

Antwort: da + (r) + Präposition:

- Ich freue mich auf den Urlaub. - **Darauf** freue ich mich auch.

genauso: dafür, damit, davon, daran ...

(!) Die Präpositionalpronomen benutzt man nur für Dinge. Für Personen verwendet man Präposition + Fragewort (wen/wem) bzw. Präposition + Personalpronomen.

- **An wen** denkst du? - Ich denke an meine Kinder. - Ich denke auch **an sie**.

2 Artikel und Nomen

2a Die Artikel

	m (maskulin)		n (neutral)		f (feminin)		Pl. (Plural)	
bestimmter Artikel	der	Mann	das	Auto	die	Frau	die	Kinder
unbestimmter Artikel	ein		ein		eine		–	
Negativartikel	kein		kein		keine		keine	
Possessivartikel	mein		mein		meine		meine	
Demonstrativartikel	dieser		dieses		diese		diese	

Da ist ein Mann.

Der Mann heißt Tim Fink.

2b Possessivartikel

	m		n		f		Pl.	
ich	mein	Mann	mein	Haus	meine	Frau	meine	Kinder
du	dein		dein		deine		deine	
er/es	sein		sein		seine		seine	
sie	ihr		ihr		ihre		ihre	
wir	unser		unser		unsere		unsere	
ihr	euer		euer		eure		eure	
sie	ihr		ihr		ihre		ihre	
Sie	Ihr		Ihr		Ihre		Ihre	

2c Nominativ, Akkusativ und Dativ

Nominativ

	m		n		f		Pl.	
bestimmter Artikel	der	Mann	das	Haus	die	Frau	die	Kinder
unbestimmter Artikel	ein		ein		eine		–	
Negativartikel	kein		kein		keine		keine	
Possessivartikel	mein		mein		meine		meine	
Demonstrativartikel	dieser		dieses		diese		diese	

Akkusativ

	m		n		f		Pl.	
bestimmter Artikel	den	Mann	das	Haus	die	Frau	die	Kinder
unbestimmter Artikel	einen		ein		eine		–	
Negativartikel	keinen		kein		keine		keine	
Possessivartikel	meinen		mein		meine		meine	
Demonstrativartikel	diesen		dieses		diese		diese	

Dativ

	m		n		f		Pl.	
bestimmter Artikel	dem	Mann	dem	Haus	der	Frau	den	Kindern
unbestimmter Artikel	einem		einem		einer		–	
Negativartikel	keinem		keinem		keiner		keinen	
Possessivartikel	meinem		meinem		meiner		meinen	
Demonstrativartikel	diesem		diesem		dieser		diesen	

Das Nomen hat im Dativ Plural immer die Endung *-n*.
Wir spielen **mit den** Kinder**n**.
Ausnahme: Nomen mit s-Plural: die Autos – mit den Autos.

Genitiv

	m		n		f		Pl.	
bestimmter Artikel	des	Mannes/ Vaters	des	Hauses/ Studiums	der	Frau	der	Kinder
unbestimmter Artikel	eines		eines		einer		-	
Negativartikel	keines		keines		keiner		keiner	
Possessivartikel	meines		meines		meiner		meiner	
Demonstrativartikel	dieses		dieses		dieser		dieser	

Das Nomen hat im Genitiv maskulin und neutral immer die Endung *-s*, bzw. *-es* bei einsilbigen Nomen.

2d Das Fragewort *welch-*

	Nominativ	Akkusativ	Dativ
m	welcher Zug	welchen Zug	(mit) welchem Zug
n	welches Gleis	welches Gleis	(von) welchem Gleis
f	welche Station	welche Station	(bei) welcher Station
Pl.	welche Züge	welche Züge	(mit) welchen Zügen

Das Fragewort *welch-* ist bestimmt, die Antwort ist mit dem bestimmten Artikel:
Welchen Stift möchtest du, den Kuli oder den Bleistift? – **Den** Kuli.

2e Das Fragewort *was für ein-*

	Nominativ	Akkusativ	Dativ
m	was für ein Anzug	was für einen Anzug	(mit) was für einem Anzug
n	was für ein Kleid	was für ein Kleid	(mit) was für einem Kleid
f	was für eine Kette	was für eine Kette	(mit) was für einer Kette
Pl.	was für Schuhe	was für Schuhe	(mit) was für Schuhen

Das Fragewort *was für ein-* ist unbestimmt, die Antwort ist mit dem unbestimmten Artikel.
Was für ein Kleid hast du auf deiner Hochzeit getragen? – **Ein** weißes (Kleid).

2f Singular und Plural

	Singular	Plural		Singular	Plural
-e	der Tisch	die Tisch**e**	–	der Computer	die Computer
-en	die Zahl	die Zahl**en**	-er	das Kind	die Kind**er**
-n	die Tasche	die Tasche**n**	-s	das Auto	die Auto**s**
-nen	die Lehrerin	die Lehrerin**nen**	mit Umlaut	der Stuhl	die St**ü**hl**e**
				das Haus	die H**ä**us**er**

3 Pronomen

3a Personalpronomen

Nominativ	Akkusativ	Dativ
ich	mich	mir
du	dich	dir
er	ihn	ihm
es	es	ihm
sie	sie	ihr
wir	uns	uns
ihr	euch	euch
sie	sie	ihnen
Sie	Sie	Ihnen

Ich rufe dich morgen an.

Können Sie mir bitte helfen?

Gehört das Auto euch?

Der Schrank ist alt. **Er** ist schön.
Die Küche ist klein. **Sie** ist praktisch.

Das Bett ist neu. **Es** ist modern.
Die Blumen sind schön. **Sie** sind rot.

3b Reflexivpronomen im Akkusativ und im Dativ

	Akkusativ	Dativ
ich	mich	mir
du	dich	dir
er/es/sie/man	sich	sich
wir	uns	uns
ihr	euch	euch
sie/Sie	sich	sich

Ich wasche **mich.**
Ich wasche **mir** die Hände.

Du wäschst **dich.**
Du wäschst **dir** die Hände.

3c Relativpronomen

	Nominativ	Akkusativ	Dativ
m	der	den	dem
n	das	das	dem
f	die	die	der
Pl.	die	die	**denen**

Ich suche ein Hotel, das günstig ist.

→ **Relativsätze** siehe **7f**

3d Das unpersönliche Pronomen *man*

Wie schreibt **man** das?
Hier darf **man** nicht rauchen.

In Sätzen mit *man* steht das Verb in der 3. Person Singular.

3e Artikel als Pronomen

Wie finden Sie den blauen Anzug?	**Der** ist nicht schlecht. **Den** nehme ich.
Wie gefällt Ihnen die Bluse?	**Die** gefällt mir gut. **Die** nehme ich.
Wie finden Sie die Hose?	**Die** ist nicht schön. **Die** nehme ich nicht.
Wie gefallen Ihnen die Schuhe?	**Die** finde ich gut. **Die** kaufe ich.

4 Präpositionen

4a Temporale Präpositionen

um	um 8 Uhr, um halb 10, um 13 Uhr 30 Der Film beginnt um 20 Uhr.
bis	Der Film geht bis 22 Uhr.
von ... bis	Der Film geht von 20 Uhr bis 22 Uhr.

an, **nach**, **vor**, **ab** + Dativ

an	Am Montagnachmittag geht sie ins Kino.
nach	Nach der Pause hat sie einen Termin.
vor	Es ist Viertel vor acht.
ab	Kinder ab 13 Jahren müssen auf der Straße fahren.

4b Lokale Präpositionen

Wo?	**bei**	Sie ist beim Friseur.
	in	Sie ist im Supermarkt.
Wohin?	**zu**	Sie geht zur Post.
	nach	Sie fährt nach Italien.
	in	Sie fliegt in die Schweiz.
Woher?	**von**	Sie kommt von der Arbeit.
	aus	Sie kommt aus Frankreich.

i

an + dem → am

bei + dem → beim
in + dem → im

zu + der → zur
zu + dem → zum

von + dem → vom

4c Präpositionen mit Dativ

bei	Ich wohne bei meinen Verwandten. Sie arbeitet bei der Volksbank.
nach	Nach dem Deutschkurs möchte ich eine Arbeit suchen.
aus	Ich gehe jeden Morgen um acht Uhr aus dem Haus.
mit	Ich fahre mit meiner Freundin nach Hamburg.
zu	Ich gehe jeden Tag zur Sprachschule.
von	Um 13 Uhr komme ich von der Sprachschule nach Hause.
seit	Sie wohnt seit einem Jahr in München.

4d Präpositionen mit Akkusativ

für	Für den Antrag brauchen Sie einen Pass und ein Foto.
durch	Der Zug fährt durch das Höllental.
um	Man kann sehr gut um den Schluchsee wandern.
ohne	Die Frau trinkt Früchtetee ohne Zucker.
gegen	Gestern bin ich leider gegen einen Baum gefahren.

4e Präpositionen mit Genitiv

wegen	Wir bleiben wegen des Wetters zu Hause.
während	Während des Essens haben wir nicht gesprochen.
innerhalb	Innerhalb des Gebäudes darf man nicht rauchen.
außerhalb	Außerhalb des Parks ist ein Café.

4f Präposition + *einander*

Vincent hat mit Adelina gesprochen. Adelina hat mit Vincent gesprochen.
→ Sie haben **miteinander** gesprochen.

4g Als

Er arbeitet als Erzieher.

4h Wechselpräpositionen mit Akkusativ oder Dativ

Wohin? → Präposition + Akkusativ

Wo? → Präposition + Dativ

Er geht ins Kino.	**in**	Er ist im Kino.
Der Bus fährt an die Kreuzung.	**an**	Der Bus steht an der Kreuzung.
Er geht auf den Markt.	**auf**	Er ist auf dem Markt.
Sie stellen den Papierkorb unter den Tisch.	**unter**	Der Papierkorb steht unter dem Tisch.
Sie hängen die Lampe über den Tisch.	**über**	Die Lampe hängt über dem Tisch.
Er fährt das Auto vor die Garage.	**vor**	Das Auto ist vor der Garage.
Sie bringen das Fahrrad hinter das Haus.	**hinter**	Das Fahrrad ist hinter dem Haus.
Sie stellen die Mülltonnen neben das Haus.	**neben**	Die Mülltonnen sind neben dem Haus.
Er stellt den Herd zwischen die Spüle und den Kühlschrank.	**zwischen**	Der Herd steht zwischen der Spüle und dem Kühlschrank.

Stellen und *legen* – *stehen* und *liegen*

Wohin? → *stellen* oder *legen*

Wohin legt sie die Tischdecke? –
Auf den Tisch.

Wohin stellt sie die Vase? –
Auf die Kommode.

Wo? → *stehen* oder *liegen*

Wo liegt die Tischdecke? –
Auf dem Tisch.

Wo steht die Vase? –
Auf der Kommode.

5 Adjektive

5a Adjektive nach dem Nomen

Adjektive nach dem Nomen haben keine Endung.

Der Schrank ist neu.
Das Sofa ist bequem.

Ich finde den Schrank schön.
Ich finde das Sofa langweilig.

5b Adjektive vor dem Nomen

	Nominativ			Akkusativ		
m	–	eleganter	Anzug	–	eleganten	Anzug
	der	elegante	Anzug	den	eleganten	Anzug
	ein	eleganter	Anzug	einen	eleganten	Anzug
	kein	eleganter	Anzug	keinen	eleganten	Anzug
	mein	eleganter	Anzug	meinen	eleganten	Anzug
n	–	wunderschönes	Kleid	–	wunderschönes	Kleid
	das	wunderschöne	Kleid	das	wunderschöne	Kleid
	ein	wunderschönes	Kleid	ein	wunderschönes	Kleid
	kein	wunderschönes	Kleid	kein	wunderschönes	Kleid
	mein	wunderschönes	Kleid	mein	wunderschönes	Kleid
f	–	schicke	Bluse	–	schicke	Bluse
	die	schicke	Bluse	die	schicke	Bluse
	eine	schicke	Bluse	eine	schicke	Bluse
	keine	schicke	Bluse	keine	schicke	Bluse
	meine	schicke	Bluse	meine	schicke	Bluse
Pl.	–	bequeme	Schuhe	–	bequeme	Schuhe
	die	bequemen	Schuhe	die	bequemen	Schuhe
	–	bequeme	Schuhe	–	bequeme	Schuhe
	keine	bequemen	Schuhe	keine	bequemen	Schuhe
	meine	bequemen	Schuhe	meine	bequemen	Schuhe

Er trägt einen eleganten Anzug, sie trägt ein wunderschönes Kleid. Sie sind ein fantastisches Brautpaar.

Aber das sind keine eleganten Schuhe!

	Dativ		
m	–	elegantem	Anzug
	dem	eleganten	Anzug
	einem	eleganten	Anzug
	keinem	eleganten	Anzug
	meinem	eleganten	Anzug
n	–	wunderschönem	Kleid
	dem	wunderschönen	Kleid
	einem	wunderschönen	Kleid
	keinem	wunderschönen	Kleid
	meinem	wunderschönen	Kleid
f	–	schicker	Bluse
	der	schicken	Bluse
	einer	schicken	Bluse
	meiner	schicken	Bluse
	keiner	schicken	Bluse
Pl.	–	bequemen	Schuhen
	den	bequemen	Schuhen
	–	bequemen	Schuhen
	meinen	bequemen	Schuhen
	keinen	bequemen	Schuhen

5c Nomen, die man wie Adjektive dekliniert

	Nominativ	Akkusativ	Dativ
m	der Vorsitzend**e**	den Vorsitzend**en**	dem Vorsitzend**en**
	ein Vorsitzend**er**	einen Vorsitzend**en**	einem Vorsitzend**en**
f	die Vorsitzend**e**	die Vorsitzend**e**	der Vorsitzend**en**
	eine Vorsitzend**e**	eine Vorsitzend**e**	einer Vorsitzend**en**
Pl.	die Vorsitzend**en**	die Vorsitzend**en**	den Vorsitzend**en**
	- Vorsitzend**e**	- Vorsitzend**e**	- Vorsitzend**en**

5d Adjektive im Komparativ

schön – schön**er**
hell – hell**er**
kurz – kürz**er**

(!) gern – **lieber**
(!) gut – **besser**
(!) viel – **mehr**

Naomi ist kleiner als Alex.

Katia ist genauso groß wie Klaus.

5e *Zu* + Adjektiv

Das Auto ist groß. 🙂

Das Auto ist zu groß. 🙁

6 Wörter im Satz

6a Verneinung mit *nicht* und *kein*

ein → kein

Ich habe **einen** Tisch / **ein** Sofa / **eine** Waschmaschine / Stühle.
Ich habe **keinen** Tisch / **kein** Sofa / **keine** Waschmaschine / **keine** Stühle.
Ich habe **kein** Geld / **keine** Zeit / **keine** Lust.

nicht

Heute kommt er. Morgen kommt er **nicht**.
Sie isst gern Käse. Sie isst **nicht** gern Käse.
Ich arbeite viel. Ich arbeite **nicht** viel.

6b Aussagesätze und W-Fragen

	Position 2	
Woher	**kommen**	Sie?
Ich	**komme**	aus Costa Rica.
Wie	**heißt**	Ihr Sohn?
Er	**heißt**	Lukas.
Was	**sind**	Sie von Beruf?
Ich	**bin**	Lehrerin.

Am Wochenende	**besuche**	ich meine Freunde.
Ich	**besuche**	am Wochenende meine Freunde.
Dann	**machen**	wir eine Radtour.

6c Ja/Nein-Fragen (Satzfragen)

Kommen	Sie aus München?
Haben	Sie morgen Zeit?
Möchtest	du einen Kaffee?
Kennt	ihr Berlin?

6d Satzklammer (trennbare Verben, Modalverben, Perfekt)

Wann	**holst**	du morgen die Kinder	**ab?**
Ich	**hole**	sie am Nachmittag	**ab.**
Frau Steiner	**muss**	morgen früh	**aufstehen.**
Frau Kuhn	**will**	am Wochenende nicht	**arbeiten.**
Früher	**habe**	ich in der Stadt	**gewohnt.**

6e *Ja, nein* und *doch*

Frage ohne Negation

Hast du Zeit?
- ☺ Ja, natürlich habe ich Zeit.
- ☹ Nein, leider habe ich keine Zeit.

Frage mit Negation

Hast du keine Zeit?
- ☺ **Doch**, natürlich habe ich Zeit.
- ☹ Nein, leider habe ich keine Zeit.

7 Sätze verbinden

7a Sätze verbinden mit *und, aber, denn, oder*

Ich gehe in den Supermarkt	**und** (ich) kaufe Käse.
Ich spreche Spanisch,	**aber** Fatima spricht Türkisch.
Am Sonntag habe ich frei,	**denn** ich muss nicht arbeiten.
Im Urlaub fahren wir nach Spanien,	**oder** wir fliegen nach Costa Rica.

7b Sätze verbinden mit *trotzdem* und *deshalb*

Er hat einen Geschirrspüler. **Trotzdem** wäscht er gerne ab.
Sie hat Arbeit gefunden. **Deshalb** ist sie sehr glücklich.

7c Sätze verbinden mit *nicht ..., sondern* und *anstatt ... zu* + Infinitiv

Herr Murks hört seinen Gesprächspartnern **nicht** zu, **sondern** redet ohne Pause.
Anstatt seinen Gesprächspartnern zu**zu**hören, redet Herr Murks ohne Pause.

7d Sätze verbinden mit *um ... zu* + Infinitiv und *damit*

Gleiches Objekt: ***damit*** oder ***um ... zu*** + **Infinitiv**

Er nimmt ein Taxi. Er will nicht zu spät kommen.
Er nimmt ein Taxi, **damit** er nicht zu spät kommt.
Er nimmt ein Taxi, **um** nicht zu spät **zu kommen.**

Verschiedene Subjekte: immer ***damit***

Seine Frau ruft ein Taxi. Er soll nicht zu spät kommen.
Seine Frau ruft ein Taxi, **damit** er nicht zu spät kommt.

7e Nebensätze

In Nebensätzen steht das konjugierte Verb am Satzende. Trennbare Verben stehen zusammen am Satzende.

Nebensätze mit *weil, dass, wenn, damit, obwohl*

Er ist zufrieden, **weil** er eine gute Stelle	hat.
Ich finde, **dass** Kinder im Internet viel lernen	können.
Sie kann aufs Gymnasium gehen, **wenn** sie gute Noten	bekommt.
Er macht einen Kurs, **damit** er bessere Chancen auf dem Arbeitsmarkt	hat.
Viele Frauen machen keine Karriere, **obwohl** sie studiert	haben.

Auch: **Wenn** sie gute Noten bekommt, (dann) kann sie aufs Gymnasium gehen.
Damit er bessere Chancen auf dem Arbeitsmarkt hat, macht er einen Kurs.

Temporale Nebensätze mit *als* und *wenn*

Einmaliges Ereignis in der Vergangenheit: ***als***

Als ich sechs Jahre alt war, bin ich in die Schule gekommen.
Ich habe mein Abitur gemacht, **als** ich 18 Jahre alt war.

Mehrmaliges Ereignis in der Vergangenheit: } *wenn*
Ereignisse in der Gegenwart und Zukunft:

Immer **wenn** ich meine Großeltern	besucht habe,	haben sie sich sehr gefreut.
Immer **wenn** meine Freundin mich	besucht,	gehen wir zusammen ins Kino.
Wenn wir morgen Abend	weggehen,	passt meine Mutter auf die Kinder auf.

Temporale Nebensätze mit *bevor*, *während* und *nachdem*

Bevor Herr Moran die Bewerbung	schreibt,	liest er die Stellenanzeigen.
Während Herr Moran die Bewerbung	schreibt,	denkt er über seine Stärken nach.
Nachdem Herr Moran die Bewerbung	geschrieben hat,	sortiert er die Unterlagen.

(!) Nach *nachdem* kann das Verb nicht im Präsens stehen.

Nebensätze mit Fragewort und *ob*

Weißt du, **wo** der Brief	ist?
Wissen Sie, **wann** der Zug	abfährt?
Weißt du, **ob** der Chef heute	kommt?
Ich weiß nicht, **ob** ich die Stelle nehmen	soll.

7f Relativsätze

Relativsätze im Nominativ und im Akkusativ

Das ist der Mann. Der Mann arbeitet in der Apotheke.
Das ist der Mann, der in der Apotheke arbeitet.

Das ist der Mann. Ich habe den Mann gefragt.
Das ist der Mann, den ich gefragt habe.

Relativsätze mit Präposition

Das sind meine Freunde. Ich bin mit den Freunden in den Urlaub gefahren.
Das sind meine Freunde, mit denen ich in den Urlaub gefahren bin.

→ **Relativpronomen** siehe **3c**

8 Wortbildung

8a Komposita

die Haftpflicht + die Versicherung = die Haftpflichtversicherung
(!) der Beruf + der Anfänger = der Beruf**s**anfänger
die Familie + das Mitglied = das Familie**n**mitglied

8b Negation von Adjektiven mit *-los* und *un-*

ohne Arbeit – arbeits**los**
ohne Erfolg – erfolg**los**
ohne Chancen – chancen**los**

nicht gewöhnlich – **un**gewöhnlich
nicht sicher – **un**sicher
nicht möglich – **un**möglich

9 Datum

9a Wann ...? – Am ...

1–19 + ***ten***
am 1. – am **ersten**
am 2. – am zwei**ten**
am 3. – am **dritten**
...
am 7. – am **siebten**
am 8. – am **achten**
...

ab 20 + ***sten***
am 20. – am zwanzig**sten**
am 21. – am einundzwanzig**sten**
...
am 30. – am dreißig**sten**
am 31. – am einunddreißig**sten**
...

Wann haben Sie geheiratet?

Am 9. 9. 1999.

9b Welcher Tag ...?

Welcher Tag ist heute? Heute ist der neunte Vierte.

Unregelmäßige Verben

Die Liste enthält alle unregelmäßigen Verben aus **Pluspunkt Deutsch A1, A2 und B1**.

Infinitiv	Präsens 3. Person Sg.	Präteritum 3. Person Sg.	Perfekt 3. Person Sg.
abbiegen	biegt ab	bog ab	ist abgebogen
abfahren	fährt ab	fuhr ab	ist abgefahren
abfliegen	fliegt ab	flog ab	ist abgeflogen
abgeben	gibt ab	gab ab	hat abgegeben
abheben	hebt ab	hob ab	hat abgehoben
abnehmen	nimmt ab	nahm ab	hat abgenommen
abschließen	schließt ab	schloss ab	hat abgeschlossen
abwaschen	wäscht ab	wusch ab	hat abgewaschen
anbieten	bietet an	bot an	hat angeboten
anfangen	fängt an	fing an	hat angefangen
anhalten	hält an	hielt an	hat angehalten
ankommen	kommt an	kam an	ist angekommen
annehmen	nimmt an	nahm an	hat angenommen
anrufen	ruft an	rief an	hat angerufen
anschließen	schließt an	schloss an	hat angeschlossen
anziehen	zieht an	zog an	hat angezogen
auffallen	fällt auf	fiel auf	ist aufgefallen
aufgeben	gibt auf	gab auf	hat aufgegeben
aufladen	lädt auf	lud auf	hat aufgeladen
aufnehmen	nimmt auf	nahm auf	hat aufgenommen
aufstehen	steht auf	stand auf	ist aufgestanden
aufwachsen	wächst auf	wuchs auf	ist aufgewachsen
ausfallen	fällt aus	fiel aus	ist ausgefallen
ausgeben	gibt aus	gab aus	hat ausgegeben
ausgehen	geht aus	ging aus	ist ausgegangen
aussehen	sieht aus	sah aus	hat ausgesehen
ausziehen	zieht aus	zog aus	ist ausgezogen
beginnen	beginnt	begann	hat begonnen
behalten	behält	behielt	hat behalten
bekommen	bekommt	bekam	hat bekommen
beraten	berät	beriet	hat beraten
beschreiben	beschreibt	beschrieb	hat beschrieben
besprechen	bespricht	besprach	hat besprochen
bestehen	besteht	bestand	hat bestanden

Infinitiv	Präsens 3. Person Sg.	Präteritum 3. Person Sg.	Perfekt 3. Person Sg.
bewerben (sich)	bewirbt sich	bewarb sich	hat sich beworben
bieten	bietet	bot	hat geboten
binden	bindet	band	hat gebunden
bitten	bittet	bat	hat gebeten
bleiben	bleibt	blieb	ist geblieben
bringen	bringt	brachte	hat gebracht
denken	denkt	dachte	hat gedacht
dürfen	darf	durfte	hat gedurft
eingeben	gibt ein	gab ein	hat eingegeben
einladen	lädt ein	lud ein	hat eingeladen
eintragen	trägt ein	trug ein	hat eingetragen
empfehlen	empfiehlt	empfahl	hat empfohlen
einschlafen	schläft ein	schlief ein	ist eingeschlafen
entnehmen	entnimmt	entnahm	hat entnommen
entscheiden	entscheidet	entschied	hat entschieden
ergeben (sich)	ergibt sich	ergab sich	hat sich ergeben
erhalten	erhält	erhielt	hat erhalten
erziehen	erzieht	erzog	hat erzogen
essen	isst	aß	hat gegessen
fahren	fährt	fuhr	ist gefahren
fallen	fällt	fiel	ist gefallen
fernsehen	sieht fern	sah fern	hat ferngesehen
finden	findet	fand	hat gefunden
fliegen	fliegt	flog	ist geflogen
geben	gibt	gab	hat gegeben
gefallen	gefällt	gefiel	hat gefallen
gehen	geht	ging	ist gegangen
geschehen	geschieht	geschah	ist geschehen
gewinnen	gewinnt	gewann	hat gewonnen
haben	hat	hatte	hat gehabt
halten	hält	hielt	hat gehalten
heben	hebt	hob	hat gehoben
heißen	heißt	hieß	hat geheißen
helfen	hilft	half	hat geholfen
herunterladen	lädt herunter	lud herunter	hat heruntergeladen
kennen	kennt	kannte	hat gekannt
klingen	klingt	klang	hat geklungen
kommen	kommt	kam	ist gekommen

Infinitiv	Präsens 3. Person Sg.	Präteritum 3. Person Sg.	Perfekt 3. Person Sg.
können	kann	konnte	hat gekonnt
lassen	lässt	ließ	hat gelassen
laufen	läuft	lief	ist gelaufen
leid tun	tut leid	tat leid	hat leid getan
lesen	liest	las	hat gelesen
liegen	liegt	lag	hat gelegen
losgehen	geht los	ging los	ist losgegangen
mitbringen	bringt mit	brachte mit	hat mitgebracht
mitfahren	fährt mit	fuhr mit	ist mitgefahren
mitgeben	gibt mit	gab mit	hat mitgegeben
mitkommen	kommt mit	kam mit	ist mitgekommen
mitnehmen	nimmt mit	nahm mit	hat mitgenommen
mögen	mag	mochte	hat gemocht
müssen	muss	musste	hat gemusst
nachdenken	denkt nach	dachte nach	hat nachgedacht
nachsehen	sieht nach	sah nach	hat nachgesehen
nachsitzen	sitzt nach	saß nach	hat nachgesessen
nachsprechen	spricht nach	sprach nach	hat nachgesprochen
nehmen	nimmt	nahm	hat genommen
nennen	nennt	nannte	hat genannt
passieren	passiert	passierte	ist passiert
reinkommen	kommt rein	kam rein	ist reingekommen
riechen	riecht	roch	hat gerochen
rufen	ruft	rief	hat gerufen
scheinen	scheint	schien	hat geschienen
schlafen	schläft	schlief	hat geschlafen
schließen	schließt	schloss	hat geschlossen
schreiben	schreibt	schrieb	hat geschrieben
schwimmen	schwimmt	schwamm	ist geschwommen
sehen	sieht	sah	hat gesehen
sein	ist	war	ist gewesen
sitzen	sitzt	saß	hat gesessen
sprechen	spricht	sprach	hat gesprochen
stattfinden	findet statt	fand statt	hat stattgefunden
stehen	steht	stand	hat gestanden
stehlen	stiehlt	stahl	hat gestohlen
sterben	stirbt	starb	ist gestorben
streichen	streicht	strich	hat gestrichen

Infinitiv	Präsens 3. Person Sg.	Präteritum 3. Person Sg.	Perfekt 3. Person Sg.
streiten	streitet	stritt	hat gestritten
tragen	trägt	trug	hat getragen
treffen	trifft	traf	hat getroffen
trinken	trinkt	trank	hat getrunken
tun	tut	tat	hat getan
übernehmen	übernimmt	übernahm	hat übernommen
überweisen	überweist	überwies	hat überwiesen
umsteigen	steigt um	stieg um	ist umgestiegen
umziehen	zieht um	zog um	ist umgezogen
unterbrechen	unterbricht	unterbrach	hat unterbrochen
unterhalten (sich)	unterhält sich	unterhielt sich	hat sich unterhalten
unternehmen	unternimmt	unternahm	hat unternommen
unterschreiben	unterschreibt	unterschrieb	hat unterschrieben
verbieten	verbietet	verbot	hat verboten
verbringen	verbringt	verbrachte	hat verbracht
vergessen	vergisst	vergaß	hat vergessen
vergleichen	vergleicht	verglich	hat verglichen
verlassen	verlässt	verließ	hat verlassen
verlieren	verliert	verlor	hat verloren
verschieben	verschiebt	verschob	hat verschoben
verschlafen	verschläft	verschlief	hat verschlafen
verschreiben	verschreibt	verschrieb	hat verschrieben
verstehen	versteht	verstand	hat verstanden
vertreten	vertritt	vertrat	hat vertreten
vorbeikommen	kommt vorbei	kam vorbei	ist vorbeigekommen
vorlesen	liest vor	las vor	hat vorgelesen
vorschlagen	schlägt vor	schlug vor	hat vorgeschlagen
vorsprechen	spricht vor	sprach vor	hat vorgesprochen
wegfahren	fährt weg	fuhr weg	ist weggefahren
weggehen	geht weg	ging weg	ist weggegangen
weglaufen	läuft weg	lief weg	ist weggelaufen
wehtun	tut weh	tat weh	hat wehgetan
weiterfahren	fährt weiter	fuhr weiter	ist weitergefahren
werden	wird	wurde	ist geworden
werfen	wirft	warf	hat geworfen
widerrufen	widerruft	widerrief	hat widerrufen
widersprechen	widerspricht	widersprach	hat widersprochen
wiederkommen	kommt wieder	kam wieder	ist wiedergekommen

Infinitiv	Präsens 3. Person Sg.	Präteritum 3. Person Sg.	Perfekt 3. Person Sg.
wiedersehen	sieht wieder	sah wieder	hat wiedergesehen
wissen	weiß	wusste	hat gewusst
ziehen	zieht	zog	ist gezogen
zunehmen	nimmt zu	nahm zu	hat zugenommen
zurückbringen	bringt zurück	brachte zurück	hat zurückgebracht
zurückfahren	fährt zurück	fuhr zurück	ist zurückgefahren
zurückkommen	kommt zurück	kam zurück	ist zurückgekommen
zurücknehmen	nimmt zurück	nahm zurück	hat zurückgenommen
zurückschreiben	schreibt zurück	schrieb zurück	hat zurückgeschrieben
zusammenziehen	zieht zusammen	zog zusammen	ist zusammengezogen

Verben mit Präpositionen

Verben mit Präposition + Akkusativ

achten auf
sich anmelden für
antworten auf
aufpassen auf
sich ärgern über
sich bewerben um
bitten um
denken an
diskutieren über
sich entschuldigen für
sich erinnern an
sich freuen auf
sich freuen über
impfen gegen
sich informieren über
sich interessieren für
sich kümmern um
nachdenken über
richten an
sprechen über
sich streiten über
sich verlassen auf
sich verlieben in
warten auf

Verben mit Präposition + Dativ

sich beschäftigen mit
fragen nach
sprechen mit
teilnehmen an
telefonieren mit
träumen von
sich treffen mit
sich trennen von
sich verabreden mit

Hörtexte

Hier finden Sie alle Hörtexte, die nicht oder nicht vollständig im Buch abgedruckt sind.

LEKTION 1 Familienleben

C 3a

- Guten Tag, Herr Winzer.
- Hallo, Frau Suslova.
- Zuerst einmal möchte ich Ihnen dafür danken, dass Sie uns den Tipp für den Förderunterricht in Deutsch gegeben haben. Es ist gut, dass die Stadt dieses Angebot hat und dass man nichts bezahlen muss. Alina besucht den Förderunterricht jetzt seit drei Monaten und ich möchte von Ihnen gerne wissen, ob sie in Deutsch besser geworden ist.
- Ja, sie ist besser geworden. Früher hat sie in meinem Deutschunterricht immer sehr viel Zeit gebraucht, wenn sie etwas schreiben musste. Das geht jetzt viel schneller. Aber die Grammatik ist immer noch nicht gut genug. Sie sollte den Förderunterricht weiter besuchen.
- Leider kann ich ihr nur wenig helfen. Deutsch ist nicht meine Muttersprache. Ich spreche mit meinen Kindern Russisch. Nur mit ihren Geschwistern spricht Alina immer Deutsch.
- Lernt sie denn zu Hause?
- Ja, natürlich, sie macht die Hausaufgaben immer gleich nach dem Mittagessen und ich bin auch zufrieden, denn Alina ist in vielen Fächern gut. Nur in Mathematik gibt es auch noch ein paar Probleme.
- Ja, Alina ist eigentlich eine gute Schülerin. Herr Zeiss, der Englischlehrer, ist zum Beispiel sehr zufrieden mit ihr. Von ihren Mathematikproblemen hat mir schon ihre Mathematiklehrerin Frau Cordes erzählt. Haben Sie schon mit ihr gesprochen?
- Ich habe in zwanzig Minuten noch einen Termin bei Frau Cordes.
- Ich denke, dass sie auch eine Lösung für die Mathematikprobleme findet und ich bin sicher, dass Alina auch bald in Deutsch keine Probleme mehr hat.

C 5a

- Sabine Lehnhardt.
- Guten Tag, Frau Lehnhardt. Hier spricht Hilde Schlenzig, die Mutter von Doris. Waren Sie gestern auf dem Elternabend wegen der Klassenfahrt nach Berlin?
- Ja, ich war da.
- Ich hatte leider keine Zeit. Können Sie mir sagen, was Sie besprochen haben?
- Das erste Thema war das Geld. Die Reise kostet 275 Euro für jedes Kind.
- Aha, und wie viel Taschengeld dürfen die Kinder mitnehmen?.
- Jedes Kind darf 30 Euro mitnehmen.
- Das ist aber viel Geld.
- Ja, und für einige Eltern ist die Klassenfahrt zu teuer. Der Klassenlehrer Herr Neuhaus hat gesagt, dass der Schulverein Eltern, die nicht genug Geld haben, helfen kann. Wir haben auch lange diskutiert, weil zwei Elternpaare nicht wollen, dass ihre Kinder mitkommen.
- Das ist aber schade. Eine Klassenfahrt macht doch Spaß! Meine Tochter Doris freut sich sehr auf die Fahrt.

- Ja, aber die Eltern denken, dass es Probleme geben kann. Die Kinder gehen abends vielleicht weg und sind allein auf der Straße.
- Aber unsere Kinder sind doch schon 15 oder 16 Jahre alt! Ich verstehe nicht, warum einige Eltern so streng sind.
- Herr Neuhaus will noch einmal mit den Eltern sprechen.
- Hoffentlich dürfen alle Kinder mitfahren. Vielen Dank für Ihre Informationen. Auf Wiederhören, Frau Lehnhardt.
- Auf Wiederhören, Frau Schlenzig.

Alles Klar 6

Ist meine Tochter in Deutsch besser geworden? – Hat sie Probleme in der Klasse? – Was kann ich machen, damit mein Sohn in Mathematik besser wird? – Muss er die Klasse wiederholen? – Wo bekomme ich Informationen über Nachhilfe? – Muss man für den Förderunterricht bezahlen?

LEKTION 2 Kontakte

B 1

- Schatz, bist du sicher, dass die Krawatte zu dem Anzug passt?
- Aber natürlich. Du weißt doch, dass ich immer die richtigen Krawatten kaufe, damit du gut aussiehst!
- Was meinst du, war ich wirklich gut, als wir gestern das Bewerbungsgespräch trainiert haben?
- Aber ja. Du weißt über die Firma gut Bescheid. Das zeigt, dass du gut vorbereitet bist. Und du wirkst sehr sicher, wenn du die Frage beantwortest, was du besonders gut kannst. Du hast deine Stärken und Schwächen gut analysiert.
- Wo ist der Einladungsbrief? Ich will ihn an der Rezeption zeigen! Er war eben noch hier auf dem Tisch!
- Ich habe ihn in deine Tasche getan, damit du ihn nicht vergisst.
- Vielen Dank. Hast du das Taxi bestellt? Ich will nicht zu spät kommen!
- Ja, es kommt in fünf Minuten. Rufst du mich an, wenn das Gespräch fertig ist?
- Ja, natürlich.

Alles Klar 6

Er findet es wichtig, dass man in Gesprächen immer seine Meinung sagt. – Das meint sie nicht. – Sie findet es falsch, immer die Meinung zu sagen. – Er findet Aufmerksamkeit wichtig. – Das findet sie auch. – Sie findet es nicht gut, wenn man nicht zuhört. – Er zeigt immer, dass er gute Laune hat. – Sie zeigt manchmal auch schlechte Laune.

LEKTION 3 Frauen und Männer heute

Auftaktseite 2

- Guten Tag, liebe Hörer. Heute haben wir im Studio Herrn und Frau Bosch zu Gast. Sie wollen erzählen, wie sie sich die Arbeit in der Familie teilen. Frau Bosch, wollen Sie anfangen?
- Ja, gerne. Mein Mann und ich arbeiten beide. Wir haben zwei Töchter, Ulla und Monika. Sie sind anderthalb und vier Jahre alt und gehen in den Kindergarten.
- Wer von Ihnen kümmert sich mehr um die Kinder?
- Ich arbeite in Teilzeit und hole sie zum Beispiel mittags nach der Arbeit vom Kindergarten ab. Aber am Morgen kümmert sich mein Mann um sie.

- Ja, das stimmt. Wenn meine Frau schon zur Arbeit gegangen ist, mache ich für die Kinder das Frühstück und bringe sie in den Kindergarten. Danach fahre ich auch zur Arbeit. Abends, wenn wir alle zu Hause sind, kochen meine Frau und ich zusammen.
- Aber wir machen auch viele andere Dinge zusammen. Ich kaufe immer zusammen mit meinem Mann ein und wir planen den Urlaub gemeinsam.
- ... und ich mache kleine Reparaturen, wenn etwas kaputt ist.
- Ja, aber putzen muss ich ganz allein und wenn wir etwas auf einer Behörde machen müssen, muss immer ich gehen, weil du nie Zeit hast!
- Du darfst nicht vergessen, dass ich auch die Gartenarbeit mache, weil du keine Lust hast.
- Ja, Gartenarbeit gefällt mir nicht, ich bin ganz froh, dass du das machst.

A1b

- Wir haben eine kleine Umfrage zum Thema Gleichberechtigung gemacht. Hören Sie dazu einige Antworten.
  Frau Jahn, 32 Jahre aus Berlin, hat uns Folgendes erzählt:
- Für alle Frauen kann ich nicht sprechen, aber Gleichberechtigung bedeutet für mich, dass ich mich frei fühlen kann. Deshalb bin ich nicht verheiratet und habe keine Kinder und ich muss niemanden fragen, wenn ich etwas machen will. Das ist für mich sehr wichtig.
- Frau Möller, 39 Jahre aus Stuttgart, meint:
- Gleichberechtigung? Ich weiß nicht, für mich ist das so ein Modewort. Ich habe jeden Tag viel Arbeit. Ich erziehe meine Kinder allein, muss jeden Morgen meinen Sohn in die Schule und meine Tochter in den Kindergarten bringen. Vormittags arbeite ich und nachmittags kümmere ich mich um die Kinder. Das ist meine Welt – und dafür brauche ich das Wort Gleichberechtigung nicht.
- Diese Meinung hat Herr Bart, 45 aus Hamburg:
- Bei uns in der Familie haben wir klare Regeln: Ich verdiene das Geld und meine Frau ist zu Hause und macht den Haushalt. Abends bin ich oft müde. Trotzdem nehme ich mir genug Zeit für die Kinder, besonders am Wochenende. Dann gehe ich mit ihnen zum Fußball oder mache eine Radtour. Ich verstehe nicht, warum man so viel von Gleichberechtigung spricht. Ich finde das Thema nicht wichtig. Meine Frau arbeitet nicht, aber sie ist sehr zufrieden.
- Herr Vogt, 35 Jahre alt aus München, sagt:
- Für meine Frau und mich ist es sehr wichtig, dass es in der Familie keine Unterschiede gibt. Wir arbeiten beide in Teilzeit, sie am Vormittag, ich am Nachmittag und so haben wir gleich viel Zeit für unsere Tochter, die zwei Jahre alt ist. Ich verdiene genauso viel wie meine Frau und sie macht im Haushalt genauso viele Arbeiten wie ich. Ich denke, in unserer Familie haben wir Gleichberechtigung, aber ich finde nicht, dass die Frauen in Deutschland alle gleichberechtigt sind. Es ist zum Beispiel immer noch so, dass Frauen weniger verdienen als Männer.
- Und zum Schluss noch die Meinung von Frau Hamm, 52 aus Frankfurt:
- Gleichberechtigung? Das kann noch lange dauern! Obwohl auch Männer die Kinder erziehen sollten, machen das oft nur die Frauen. Und obwohl viele Frauen studieren, machen nur wenige Karriere. Es gibt nicht

viele Frauen in der Politik und auch in der Wirtschaft sind nur wenige in Spitzenpositionen. Ich glaube, dass viele Männer gar nicht wollen, dass wir Frauen mehr Rechte oder die guten Jobs bekommen. Der Weg für uns Frauen ist noch lang. Trotzdem dürfen wir nicht aufgeben.

C 1b

- Peter, kannst du mir bitte mal helfen? Es ist noch Arbeit da!
- Was sagst du, Eva? Der Fernseher ist zu laut! Ich kann dich nicht verstehen!
- Geh in die Küche! Du musst sie noch aufräumen! Ich habe noch andere Arbeit. Ich lege die Wäsche zusammen und räum sie in den Schrank.
- Aber ich habe den ganzen Tag gearbeitet. Ich will fernsehen!
- Ich habe auch gearbeitet! Ich habe eingekauft, geputzt, gekocht, die Kinder von der Schule abgeholt und ihnen bei den Hausaufgaben geholfen. Du räumst jetzt die Küche auf, nicht ich!
- Morgen habe ich frei. Ich kann es auch morgen Vormittag machen.
- Nein, du machst das jetzt! Morgen bekommen wir Besuch und haben keine Zeit.

Alles Klar 7

Jetzt hat sie Elternzeit und kümmert sich um die Kinder. – Bald nimmt er auch Elternzeit und bleibt zu Hause. – Dann arbeitet sie wieder. – Am Abend wäscht er das Geschirr ab. – Sie macht auch Reparaturen in der Wohnung. – Am Samstag putzt er und sie kauft ein. – Den Urlaub planen sie gemeinsam. – Sie finden, dass es in ihrer Familie Gleichberechtigung gibt.

LEKTION 4 Aus der Arbeitswelt

Auftaktseite 1a

- Herr Kezunovic, Sie arbeiten bei der Firma Hartwig Motorenbau. Können Sie uns etwas über Ihre Arbeit und die Firma erzählen?
- Ja, gerne. Wir produzieren Motoren für Autos. Ich arbeite in der Produktion in Schichtarbeit. Ich esse auch im Betrieb, denn von 12.00 bis 14.00 Uhr gibt es in der Kantine Mittagessen. Mir gefällt die Arbeit und der Kontakt zu den Kollegen ist gut. Wir haben einen guten Betriebsrat. Zweimal im Jahr findet eine Betriebsversammlung statt. Im Dezember haben wir immer eine Betriebsfeier zusammen mit den Mitarbeitern aus der Verwaltung, zu denen wir sonst nur selten Kontakt haben. Das finde ich gut, denn so lernen sich alle besser kennen.

B 2

- Hallo Alfonso, na wie war es denn heute in der Firma?
- Hallo, Nina. Ach, du weißt ja, die Situation ist schwierig. Wir haben den ganzen Tag über die Schließung gesprochen. Ich habe wenig Hoffnung.
- Das klingt aber gar nicht gut. Ich habe heute für dich Stellenanzeigen im Internet gesucht. Diese beiden habe ich ausgedruckt.
- Das ist aber lieb von dir. Zeig mal her ... Hm, beide Anzeigen sind aus der Autoindustrie. Aber die Brüninghaus GmbH sucht einen Mitarbeiter, der ein Studium hat. Da kann ich mich nicht bewerben.
- Ja, schade. Dabei hast du so viel Berufserfahrung ...
- ... aber leider nur eine Ausbildung als kaufmännischer Angestellter. Na ja, die andere Anzeige finde ich ganz passend.

Englischkenntnisse habe ich und Teamarbeit mache ich auch jetzt. Aber die Firma ist in Essen das ist ganz schön weit weg. Wir müssten umziehen, wenn ich die Stelle bekomme.

- Wenn wir hier bleiben und du arbeitslos wirst, ist das aber noch schlechter für uns. Außerdem ist Essen eine große Stadt. Vielleicht habe ich dort auch eine Chance, eine Arbeit in meinem Beruf zu finden. Unterode ist einfach zu klein, es gibt nicht genug freie Stellen für Musiklehrer.
- Da hast du auch wieder recht. Dann bewerbe ich mich also bei der Firma.

Alles Klar 6

Das Unternehmen, in dem ich arbeite, hat 1.500 Beschäftigte. – 900 Mitarbeiter arbeiten in der Produktion und 600 in der Verwaltung. – Wir produzieren Motoren für Autos. – Ich arbeite im Verkauf. – Ich suche eine neue Stelle, weil ich gerne selbstständiger arbeiten möchte. – Ich habe im Internet eine interessante Stellenanzeige gefunden. – Heute Nachmittag schreibe ich die Bewerbung.

LEKTION 5 Früher und heute

Auftaktseite 2a

Heutzutage spielen die modernen Medien eine immer größere Rolle. Wie wichtig sind sie im Alltag und was benutzen die Leute? Wir haben einige Personen gefragt, was sie über moderne Medien denken. Hier sind ein paar Ausschnitte aus unseren Interviews:

1. Handys sind natürlich praktisch. Aber man sollte nicht überall telefonieren, zum Beispiel im Zug. Das stört mich. Ich mag die Leute nicht, die im Zug oft stundenlang Privatgespräche führen. Alle anderen müssen das mithören, egal ob es sie interessiert oder nicht!
2. Wir haben zu Hause eine Playstation. Sie gehört eigentlich meinem Sohn, aber ich finde es auch entspannend, nach der Arbeit Playstation zu spielen. Ich spiele gern mit meinem Sohn zusammen, das macht uns beiden großen Spaß.
3. Jetzt haben viele Leute HD-Fernseher. Es stimmt, dass das Bild dieser Fernseher sehr gut ist und es ist toll, in einer Gaststätte oder einem Restaurant auf einem großen HD-Fernseher Fußballspiele zu sehen. Aber zu Hause reicht ein normaler Fernseher völlig aus.
4. Mein Mann hat meinem Sohn eine Playstation geschenkt. Das ärgert mich, denn ich finde es gar nicht gut, wenn Kinder die ganze Zeit mit modernen, elektronischen Geräten spielen. Die Spiele sind nicht gut für sie. Kinder sollten Sport treiben, draußen spielen oder lesen, aber nicht den ganzen Tag vor der Playstation oder dem Computer sitzen. Ich weiß, dass mein Mann die Playstation nur gekauft hat, weil er selber damit spielen möchte.

A 1a

Liebe Hörer, in unserer heutigen Sendung geht es um das Leben früher und heute. Was war anders? Ich erinnere mich zum Beispiel, dass man früher viel mehr Glühbirnen brauchte als heute. Das geht nicht mehr, denn heute braucht man Energiesparlampen. Meine Eltern trockneten die Wäsche auf der Wäscheleine, ich trockne sie im Trockner. Meine Großeltern kochten auf dem Kohleherd, ich koche auf dem Elektroherd. Früher heizten meine Eltern mit dem Ofen. Heute heizen sie mit der Zentralheizung. Mein erstes Handy habe ich vor 15 Jahre gekauft und benutzte es nur für Telefongespräche. Jetzt benutze ich ein Smartphone, mit dem ich auch im Internet surfen und E-Mails schreiben kann. Wie ist es, wie war es bei Ihnen? Rufen Sie uns an und erzählen Sie.

C 2

- Hallo Frau Hoffmann, ich begrüße Sie ganz herzlich und freue mich schon, dass Sie uns etwas über Ihr Leben früher erzählen wollen. Wann sind Sie denn geboren, und wie viele Geschwister hatten Sie?
- Ich bin 1927 geboren und ich hatte neun Brüder und zwei Schwestern.
- Sie waren zwölf Kinder?
- Damals gab es die Pille ja noch nicht.
- Wie sah denn Ihr Zusammenleben in einer so großen Familie aus?
- Meine Eltern waren Bauern und wir haben auf einem Bauernhof gewohnt. Da mussten natürlich alle mithelfen ... wir hatten ja Landwirtschaft! Es war ein hartes Leben. Heute ist alles besser geregelt.
- Sehen Sie einen Unterschied zwischen dem Leben früher und heute?
- Ja, da gibt es einen großen Unterschied. Unsere Arbeit war viel schwerer, weil wir noch keine Maschinen hatten. Da war schon viel zu tun.
- Das kann man sich heute kaum noch vorstellen, nicht?
- Nein, aber damals haben alle mitgeholfen. Der eine sah, was der andere tun musste und unterstützte ihn ganz selbstverständlich. Wenn zum Beispiel jemand aus der Familie krank war, dann sind auch die Nachbarn gekommen, sie haben den Kranken gepflegt und bei der Arbeit geholfen.
- Erzählen Sie doch vielleicht einmal von einem ganz normalen Tag aus Ihrer Jugend. Woran erinnern Sie sich noch?
- Ja, also sieben Jahre lang gingen wir morgens zuerst in die Kirche und erst dann in die Schule. Der Weg zur Schule dauerte eine halbe Stunde zu Fuß. Aber es war nicht so gefährlich wie heute. Die Landstraßen waren ja noch viel freier, es fuhren ja keine Autos! Als ich mit 14 Jahren mit der Schule fertig war, habe ich weiter auf dem Hof geholfen. Einen Beruf lernen konnte ich nicht. Freizeit kannten wir nicht. Fernsehen oder Disko, das gab es damals ja noch nicht. Wir Mädchen haben abends Handarbeit gemacht, genäht und gestrickt. Aber oft waren wir auch todmüde und sind einfach ins Bett gefallen.

Alles Klar 6

Als ich Kind war, lebte ich in einer kleinen Stadt. – Ich wohnte mit meiner Familie in einem schönen Haus. – Ich ging jeden Tag zu Fuß zur Schule. – Am Nachmittag machte ich Hausaufgaben. – Danach spielte ich mit meinen Freunden. – Am Wochenende fuhren wir oft zu meinen Großeltern. – Ich hatte eine schöne Kindheit.

LEKTION 6 Konsum

C 2a

1. - Verbraucherzentrale Hannover, hier spricht Jasmin Führer.
   - Guten Tag, hier spricht Vanessa Keim. Ich rufe an, weil ich eine Frage habe. Vor zwei Tagen habe ich in der Buchhandlung Sturz eine CD mit einem Lernprogramm für Englisch gekauft. Aber dann

hat mir ein Freund gesagt, dass er das Programm auch hat und es mir leihen kann. Deshalb wollte ich die CD in der Buchhandlung zurückgeben.

- Ich nehme an, die Buchhandlung hat die CD-ROM nicht zurückgenommen.
- Ja, der Buchhändler hat gesagt, dass sie keine CD-ROMs zurücknehmen. Mich wundert das, denn vor einiger Zeit habe ich in der Buchhandlung Sturz Bücher zurückgegeben und einen Gutschein bekommen. Mich interessiert, wie die Regeln für den Umtausch sind.
- Allgemein ist es so, dass es kein Umtauschrecht gibt. Es gilt die Regel: gekauft ist gekauft. Wenn die Buchhandlung die Bücher zurückgenommen hat, dann hat sie sich kulant gezeigt.
- Kulant? Was meinen Sie damit?
- Das heißt, die Buchhandlung hat nicht die Pflicht, Bücher zurückzunehmen, aber sie hat es gemacht, weil sie kundenfreundlich sein möchte. Sie hat also die Bücher zurückgenommen, obwohl sie dazu nicht verpflichtet war. Software nehmen die meisten Geschäfte nicht zurück, denn man kann sie oft schnell auf den eigenen Computer kopieren.
- Ah ja, vielen Dank für Ihre Informationen. Auf Wiederhören.
- Auf Wiederhören.

2.
- Verbraucherzentrale Wiesbaden, Florian Niemeyer am Apparat.
- Guten Tag, ich heiße Marco Baldini. Ich rufe an, weil ich ein großes Problem habe.
- Dann erzählen Sie doch mal ...
- Vor vier Tagen hat ein Mann bei mir geklingelt und mir einen Vertrag für einen neuen Telefonanschluss angeboten. Ich habe dann den Vertrag unterschrieben, weil ich dachte, dass ich so Geld sparen kann. Gestern habe ich aber den Vertrag noch einmal gelesen und gesehen, dass der neue Telefonanschluss nicht billiger ist als der, den ich jetzt habe. Ich möchte bei meinem Telefonanbieter bleiben. Was soll ich machen? Ich habe auch unterschrieben, dass ich meinen alten Telefonvertrag kündige.
- Der Mann war in Ihrer Wohnung und Sie haben den Vertrag auch dort unterschrieben?
- Ja, so war es. Zum Glück habe ich noch nichts bezahlt.
- Wenn Sie den Vertrag zu Hause unterschrieben haben, können Sie ihn innerhalb von 14 Tagen widerrufen und Sie können Ihren alten Telefonanschluss behalten.
- Aber ich weiß nicht, wie das geht! Können Sie mir helfen?
- Ich schlage vor, dass Sie bei uns vorbeikommen. Wir haben von Montag bis Freitag immer von 10.00 bis 14.00 Uhr geöffnet.
- Dann komme ich gleich morgen. Vielen Dank und auf Wiederhören.
- Auf Wiederhören.

Alles Klar 6

Bald habe ich Geburtstag. – Ich wünsche mir ein neues Fahrrad. – Wenn ich ein neues Fahrrad hätte, könnte ich viele Radtouren machen. – Ich wünsche mir auch einen Fußball. – Wenn mir meine Eltern ein Fahrrad schenken, kaufe ich mir den Fußball selbst. – Mein Onkel schenkt mir vielleicht spannende Bücher.

Station 2

2a

- Herr Bertram, Sie beraten bei der Bundesagentur in Nürnberg Abiturienten, die studieren wollen. Können Sie uns sagen, welches Fach Sie selbst studiert haben?
- Ich bin Psychologe und habe an der Universität Tübingen studiert.
- Wie lange haben Sie das Fach studiert?
- Ich habe bis zum Diplom zehn Semester, also fünf Jahre gebraucht.
- Können Sie uns vielleicht erklären, was ein Diplom ist?
- Ein Diplom ist ein Hochschulabschluss, den man bekommt, wenn man an einer Hochschule erfolgreich eine Prüfung gemacht hat. Andere Hochschulabschlüsse sind der Bachelor oder Master oder die Promotion. Außerdem gibt es noch das Staatsexamen.
- Staatsexamen? Können Sie dieses Wort genauer erklären?
- Das ist eine Prüfung des Staates, die man an einer Hochschule macht. Staatsexamen brauchen zum Beispiel Lehrer, die an staatlichen Schulen unterrichten wollen, aber auch Ärzte und Juristen machen das Staatsexamen.
- Welche Voraussetzungen braucht man, um in Deutschland zu studieren?
- Wenn man an einer Universität studieren will, braucht man die Allgemeine Hochschulreife, also das Abitur, das man an den Gymnasien bekommt. Für ein Studium an Fachhochschulen genügt auch das Fachabitur.
- Wo bekommt man das?
- Man bekommt es an Fachoberschulen.
- Was ist der Unterschied zwischen Gymnasien und Fachoberschulen?
- Auf einer Fachoberschule gibt es eine berufliche Orientierung, z. B. Wirtschaft oder Technik. Auf dem Gymnasium bekommen die Schüler eine allgemeinere, breitere Bildung.
- Können Sie uns auch den Unterschied zwischen Universitäten und Fachhochschulen erklären?
- Wie an der Universität gibt es an Fachhochschulen wissenschaftliche Forschung, aber sie ist, wie das Studium auch, mehr an der Praxis orientiert. Es gibt zum Beispiel Fachhochschulen für Soziales, Verwaltung, Wirtschaft oder für Technik. Viele Fächer kann man an Universitäten oder Fachhochschulen studieren, z. B. Ingenieurswissenschaften. Es gibt Ingenieure, die haben ein Diplom von einer Universität und Ingenieure, die ein Diplom von einer Fachhochschule haben. Wenn man aber Arzt oder Jurist werden will, muss man an einer Universität studieren. Das Studium an einer Universität dauert meistens länger als an einer Fachhochschule und man lernt mehr Theorie.
- Muss man für ein Studium etwas bezahlen?
- Das ist in Deutschland sehr unterschiedlich. Einige Bundesländer haben Studiengebühren, andere nicht. Und das muss ich auch noch sagen: Das Schul- und Hochschulsystem ist in Deutschland zwar staatlich, aber die Bundesländer sind für die Bildungspolitik zuständig. Deshalb sollte man sich genau informieren, wie die Regeln in den Bundesländern sind, wenn man studieren möchte.

- Kann man auch studieren, wenn man keinen Abschluss von einem Gymnasium oder einer Fachoberschule hat?
- Ja, das geht. Auch Handwerker können zum Beispiel in ihrem Fach an einer Fachhochschule studieren, wenn sie Meister sind oder ausreichend Berufserfahrung und Fortbildungen gemacht haben. Außerdem gibt es noch den zweiten Bildungsweg.
- Was ist das?
- Man kann neben dem Beruf auf einer Abendrealschule oder einem Abendgymnasium die Mittlere Reife oder das Abitur machen und dann eine weitere Ausbildung machen oder mit dem Abitur studieren.
- Herr Bertram, ich danke Ihnen für das Gespräch.

Teil 1

Beispiel

Guten Tag, Herr Bossel. Hier spricht Frau Renner, die Klassenlehrerin von Roman. Wir haben für den nächsten Montag um 15.00 Uhr einen Gesprächstermin vereinbart. Leider muss ich den Termin verschieben. Haben Sie auch am Dienstag Zeit? Ich bin um 11.00 Uhr mit meinem Unterricht fertig. Wir können uns dann um 11.15 Uhr vor dem Lehrerzimmer treffen. Rufen Sie mich bitte zurück, wenn Sie keine Zeit haben.

1. Sehr geehrte Damen und Herren. Wir befinden uns in der Anfahrt auf Mannheim Hauptbahnhof. Dort haben Sie Anschluss an den ICE 109 nach Stuttgart, Abfahrt 16.31 Uhr am selben Bahnsteig gegenüber, an einen Regionalexpress nach Heilbronn über Heidelberg, Abfahrt 16.34 Uhr aus Gleis 10b, an den IC 2056 nach Saarbrücken über Ludwigshafen, Neustadt an der Weinstraße, Kaiserslautern und Homburg (Saar), Abfahrt 16.58 Uhr aus Gleis 2. Bitte beachten Sie auch die Lautsprecherdurchsage am Bahnhof.
2. Liebe Kunden, heute haben wir viele gute Sonderangebote für Sie: 250 Gramm Butter nur 79 Cent, gemischtes Hackfleisch, das Kilo nur 89 Cent. Und vergessen Sie nicht: An unserer Theke erhalten Sie zu günstigen Preisen immer frische Wurst und frischen Käse.
3. Hallo Hannelore. Hier ist Fred. Ich habe meine Brille nicht in meiner Tasche gefunden. Ich glaube, sie liegt auf dem Regal an der Haustür. Kannst du sie mitbringen, wenn wir uns vor dem Kino treffen? Die Eintrittskarten habe ich schon.
4. Liebe Badegäste. Leider kommt bald ein Gewitter. Bitte gehen Sie sofort aus dem Wasser. Wir schließen das Schwimmbad in 30 Minuten. Bitte nehmen Sie Ihre Sachen und verlassen Sie das Schwimmbad. Vielen Dank für Ihr Verständnis.

Teil 2

5. Es folgt die Wettervorhersage. Am Sonntag gibt es viel Sonne und es bleibt trocken. Hier und da gibt es ein paar harmlose Wolken. Die Temperatur steigt auf 14 Grad im Norden und bis 23 Grad im Süden. Der Wind weht schwach bis mäßig aus Nordwest.
   In der Nacht zu Montag stark bewölkt mit Regen, 12 bis 17 Grad. Am Montag bleibt es bewölkt mit Regen, Temperaturen 11 bis 18 Grad.
6. Frühlingsangebote im Baumarkt Hopf: Gartenpflanzen, Gartenmöbel und Gartengeräte. Sonnenschirme schon ab 20 Euro!

Und nicht vergessen: Am Samstag ist der Mega-Einkaufstag. Wir haben geöffnet – nicht bis 18.00 Uhr – nicht bis 20.00 Uhr – Nein: An diesem Tag können Sie von 10.00 Uhr morgens bis 24.00 Uhr in der Nacht kommen! Nutzen Sie die Chance und profitieren Sie von den Superangeboten! Baumarkt Hopf an der Autobahnausfahrt Bremen Vahr. Wir sehen uns am Samstag.

7. Guten Abend, meine Damen und Herren, wir beginnen unsere Sendung mit einem Bericht von dem Tennis-Turnier in Stuttgart. Es folgen Reportagen aus der Fußball-Bundesliga sowie aktuelle Nachrichten vom Sport aus aller Welt und am Schluss der Sendung haben wir ein Interview mit dem Manager des FC Bayern München. Aber zunächst zum Tennis ...

8. Es folgen Verkehrsmeldungen für Baden-Württemberg. A5 Karlsruhe Richtung Basel Grenzübergang Weil am Rhein/Basel zwei Kilometer Stau für LKW. A8 München Richtung Stuttgart zwischen Anschlussstelle Merklingen und Anschlussstelle Mühlhausen fünf Kilometer Stau. B30 Friedrichshafen/Ravensburg zwischen Einmündung Ravensburg-Weissenau/Jahnstraße und Anschlussstelle Ravensburg-Nord in beiden Richtungen Tiere auf der Fahrbahn.

Teil 3

Beispiel

- Guten Tag, ich habe hier ein Rezept vom Arzt.
- Darf ich bitte mal sehen? Ja, die Tabletten haben wir. Einen Moment, bitte.
  Hier sind die Tabletten. Dann bekomme ich noch die Rezeptgebühr von fünf Euro.
- Bitte sehr. Ich habe noch eine Frage. Wie oft muss ich die Tabletten nehmen?
- Sie müssen die Tabletten dreimal am Tag nehmen. Eine Tablette am Morgen, eine am Mittag und eine am Abend. Sie dürfen die Tabletten aber nicht länger als sieben Tage nehmen.
- Kann es Nebenwirkungen geben?
- Manchmal kann es leichte Kopfschmerzen geben. Aber das ist sehr selten.

9 + 10

- Guten Tag, Herr Haaf.
- Guten Tag Frau Gumpert.
- Kommen Sie am Freitagabend auch zum Straßenfest?
- Ja, ich komme, aber etwas später, ungefähr um zehn Uhr.
- Also erst spät am Abend? Dann sind Sie ja am Anfang gar nicht dabei. Einige Kinder wollen ein kleines Konzert geben. Und wir eröffnen die Fotoausstellung über unsere Straße. Für die schönsten Fotos gibt es Preise.
- Ich weiß, meine Frau und ich haben auch Fotos bei der Ausstellung und meine Tochter macht bei dem Konzert auch mit. Aber leider komme ich erst spät nach Hause. Am Donnerstag und Freitag bin ich auf Geschäftsreise.
- Hoffentlich sind Sie nicht zu müde...
- Aber nein! Ich freue mich schon sehr auf das Fest und meine Frau und ich haben ja auch geholfen, es zu organisieren. Ich helfe sicher auch am Schluss, wenn wir aufräumen müssen.
- Das ist schön. Wir sehen uns dann am Freitag. Grüßen Sie Ihre Frau.
- Das mache ich. Auf Wiedersehen, Frau Gumpert.

11 + 12

- Guten Tag, Frau Müller. Hier spricht Herr Meier, der Klassenlehrer von Stefan.
- Guten Tag, Herr Meier. Ich kann mir schon denken, warum Sie anrufen. Es geht um die Noten von Stefan, oder?
- Ja, leider ist Ihr Sohn in Mathematik und Deutsch sehr schlecht geworden und auch in den anderen Fächern ist er nicht gut. Wie ist das möglich? Im letzen Jahr war er viel besser.
- Im Moment interessiert er sich leider überhaupt nicht für die Schule. Ich weiß auch nicht, was ich machen soll.
- Ich habe gedacht, dass Sie mit Ihrem Sohn hier in der Schule vorbeikommen, so dass wir alle zusammen darüber reden können. Passt es Ihnen am nächsten Mittwoch um 15.00 Uhr?
- Ja, das geht. Ich komme dann mit Stefan in die Schule. Wo treffen wir uns?
- Ich warte im Klassenzimmer auf Sie.
- Vielen Dank für den Anruf, Herr Meier. Auf Wiederhören.
- Auf Wiederhören Frau Müller.

Teil 4

Sport und Gesundheit. Das ist das Thema unserer heutigen Sendung. Wir haben einige Personen auf der Straße nach ihrer Meinung gefragt.

Beispiel

Natürlich ist Sport gut für die Gesundheit. Ich spiele mit meinem Mann zweimal die Woche Tennis, obwohl wir schon 75 sind, und dann auch noch oft mit Freunden. Das geht natürlich langsamer als früher, aber es macht immer noch Spaß. Wenn man Sport treibt, bewegt man sich und der Körper bleibt fit. Mein Mann und ich sind ein gutes Beispiel dafür.

13. Vielleicht stimmt es, dass Sport hilft, dass man gesund bleibt, aber niemand denkt an die Umwelt. Ich finde, dass der Sport in der Natur viel kaputt macht, z. B. in den Alpen. Da gibt es viele Skigebiete, durch die die Landschaft hässlich wird. Im Winter fahren die Leute mit den Autos in die Berge und es gibt Staus und Parkplatzprobleme.

14. Ich finde, dass für die Gesundheit viele Dinge wichtig sind und Sport ist nur ein Teil davon. Auch eine gesunde Ernährung ist wichtig, am Arbeitsplatz sollte es nicht zu viel Stress geben und man muss Zeit finden, um sich zu entspannen. Wenn man nur Sport macht und nicht an die anderen Dinge denkt, dann hilft der Sport auch nicht, um gesund zu bleiben.

15. Sport soll helfen, dass man gesund bleibt? Da kann ich nur lachen. Es gibt viele Beispiele dafür, dass Leute durch Sport krank werden. Ein Arbeitskollege von mir spielt gerne Fußball, aber er konnte im letzten Jahr sechs Wochen nicht arbeiten, weil er sich während eines Spiels ein Bein gebrochen hat. Und immer wieder lese ich in der Zeitung, dass es beim Radfahren, Skifahren und sogar bei Wanderungen zu schweren Unfällen kommt.

Alphabetische Wortliste

Die alphabetische Wortliste enthält den Wortschatz der Lektionen 1–6 des Kursbuches. Zahlen, grammatische Begriffe sowie Namen von Personen, Städten und Ländern sind in der Liste nicht enthalten. Wörter, die zum Wortschatz des ***Deutsch-Test für Zuwanderer (B1)*** gehören, sind markiert.
AT bedeutet Auftaktseite der jeweiligen Lektion.
Ein · oder ein _ unter dem Wort zeigt den Wortakzent:
ạ = kurzer Vokal
a̲ = langer Vokal
ab|fliegen = trennbares Verb

Nach dem Nomen finden Sie immer den Artikel und die Pluralform:
“ = Umlaut im Plural
Sg. = dieses Wort gibt es (meistens) nur im Singular
Pl. = dieses Wort gibt es (meistens) nur im Plural

A

Ạbfindung, die, -en 4/A3a
Ạbrechnung, die, -en 4/C2
ạb|schalten 5/B2a
ạb|schließen, schloss ạb, ạbgeschlossen 1/B4b
Abte̲ilungsleiter/in, der/die, -/-nen 2/B5
ạb|waschen, wusch ạb, ạbgewaschen 3/AT3
Ạbzug, der, “-e 4/C1
ạchten (+ auf) 2/B4a
ạchtjährig 2/A3a
ä̲hnlich 3/B2
akade̲misch 2/A3a
akzepti̲eren 1/B1b
Ạlkohol, der, Sg. 1/C6a
alle̲in erziehend 1/A2a
allerdịngs 6/C3a
ạllgeme̲in 4/C1
ạls (Konjunktion) 1/B1b
analysi̲eren 2/B1
ạngenehm 5/B5
ạngestrengt 2/D1b
Ạnlage, die, -n 4/B3
ạn|schauen 2/B4a
anstạtt ... zu 2/B4b
Ạnteil, der, -e 3/B5a
Ạrbeiten, das, Sg. 4/B1
Ạrbeitnehmerprotest, der, -e 4/A1
Ạrbeitskonflikt, der, -e 4/A
ạrbeitslos 4/A1
Ạrbeitslosenversicherung, die, -en 4/C1
Ạrbeitswelt, die, Sg. 4/AT
attrakti̲v 2/A3a
A̲u̲fforderung, die, -en 2/D1b
A̲u̲fgabenteilung, die, Sg. 3/C
a̲u̲f|geben, gab a̲u̲f, a̲u̲fgegeben 3/A3a
a̲u̲fmerksam 2/C2b
A̲u̲fmerksamkeit, die, -en 2/C2a
a̲u̲f|nehmen, nahm a̲u̲f, a̲u̲fgenommen 6/B3a
A̲u̲fsicht, die, Sg. 1/C6a
a̲u̲f|wachen 3/A4a
a̲u̲f|wachsen, wuchs a̲u̲f, a̲u̲fgewachsen 1/A3
a̲u̲ßerdem 1/C4
A̲u̲ssicht, die (hier: Sg.) 3/A4a
a̲u̲s|strecken 2/D1b
a̲u̲s|suchen 6/C3a
A̲u̲swahl, die, Sg. 6/C1a
automa̲tisch 3/B4

Automobilindustrie, die, -n 4/B1
Automobilzulieferer, der, - 4/B1
Autozulieferer, der, - 4/A1

B

Banktresor, der, -e 5/B2a
Bar, die, -s 3/D1a
Barthaar, das, -e 5/B2a
bauen 4/A1
Bearbeitung, die, -en 4/B1
Bedeutung, die, -en 3/A1b
Befragte, der/die, -n 6/B1a
beherrschen 4/B3
beispielsweise 2/D1b
bekommen, bekam, bekommen (hier: Besuch bekommen) 1/B1d
beliebt 2/AT1
Beratungsangebot, das, -e 6/C1a
Beratungsleistungen, Pl. 6/C1a
Beratungsstelle, die, -n 6/C1a
Bereich, der, -e 3/B5a
bereit sein, war bereit, bereit gewesen 6/C3b
berufserfahren 4/B1
Berufsleben, das, Sg. 3/B4
berühmt 2/A4b
Beschäftigte, der/die, -n 4/A3a
beschreiben, beschrieb, beschrieben 2/AT1
Betreuungsmöglichkeit, die, -en 3/B1
Betreuungsplatz, der, "-e 3/B1
Betrieb, der, -e 3/B1
Betriebsvereinbarung, die, -en 4/A3a
bevor 4/B4
Bewerbungsgespräch, das, -e 2/B1
Bewerbungsunterlagen, Pl. 4/B4
Bildschirm, der, -e 5/B2a
bitten, bat, gebeten 5/B2a
Blick, der, -e 3/D1a
Blind-Date, das, -s 5/B2a
blitzschnell 5/B2a
blond 2/A2a
Branchenkontakt, der, -e 4/B1
Briefmarke, die, -n 2/B3
Bruttogehalt, das, "-er 4/C1
Bücherei, die, -en 1/A5a
Buchhandlung, die, -en 6/C2b
Bundesland, das, "-er 6/C1a
Bürgermeister/in, der/die, -/-nen 4/A1

C

CD-ROM, die, -s 6/C2b
chancenlos 4/A1
Chat, der, -s 5/B2a
Chatpartner, der, - 5/B2a
Chiffre, die, Sg. 2/A3a
Computermaus, die, "-e 5/B2a

D

da sein, war da, da gewesen 1/A2a
Dach, das, "-er 1/B
Date, das, -s 5/B2b
Daumen, der, - 2/D1b
demonstrieren 4/A1
Detail, das, -s 4/B3
Dienstleistungsvertrag, der, "-e 6/C1a
Differenz, die, -en 6/C3a
diskutieren 3/B1
Droge, die, -n 1/C6a
drohen 4/A1
dunkelgrün 2/A2a
durcheinander sein 5/B2a
dynamisch 4/B1

E

ehemalig 1/B1b
Ehepaar, das, -e 3/B1
Ehepartner/in, der/die, -/-nen 3/A1a
Ehescheidung, die, -en 3/B1
Eindruck, der (hier: Sg.) 2/A2a
einigen (+ sich) 3/D2
Einigung, die, -en 4/A3a
Einkauf, der, "-e 6/AT2
Einladungsbrief, der, -e 2/B1
Einrichtung, die, -en 6/C1a
Einwohner, der, - 4/A1
einzeln 6/C1a
Elektrogerät, das, -e 6/AT2
Elektroherd, der, -e 5/A1b
elektronisch 4/B1
Elterngeld, das, Sg. 3/B1
Elternsprechtag, der, -e 1/C
Elternzeit, die, Sg. 3/A1b
Ende, das, -n 3/B4
Energiesparlampe, die, -n 5/A1b
Englischkenntnisse, Pl. 4/B1
Englischlehrer/in, der/die, -/-nen 1/C3a
Englischprobleme, Pl. 1/klar2
Enkelkind, das, -er 1/A2a
entfernt 3/D1a
entscheiden, entschied, entschieden 1/B1b
Enttäuschung, die, -en 2/A3a
Erfahrung, die, -en 4/B1

Erfolg, der, -e 2/B4a
erfolglos 4/A1
erfolgreich 2/AT1
ergeben (+ sich), ergab, ergeben 6/B1a
erhalten, erhielt, erhalten 4/A3a
erreichen 3/A1b
Erwachsenenbildung, die, Sg. 6/C1a
erwarten 4/B1
erziehen, erzog, erzogen 1/AT1b
Erziehungsfrage, die, -n 1/B1b
Espressomaschine, die, -n 6/A2
evangelisch 4/C1

F

Fachlehrer/in, der/die, -/-nen 1/C1
Familienalltag, der, Sg. 1/AT1b
Familienleben, das, Sg. 1/AT
Feld, das, -er 5/B2a
Feldmaus, die, "-e 5/B2a
Fernbeziehung, die, -en 3/D1a
finanziell 1/C6a
finanzieren 6/C1a
Finger, der, - 2/D1b
folgende 1/C1
fordern 4/A1
Förderunterricht, der, Sg. 1/C2
Fremdsprache, die, -n 1/B4b
fressen, fraß, gefressen 5/B2a
Freundlichkeit, die, Sg. 4/B1
führen (hier: Gespräche führen) 2/C
Fußballschuh, der, -e 6/A1b

G

garantieren 4/A3a
Gartenarbeit, die, -en 1/B1b
Gebäude, das, - 5/C1
gebildet 2/A4a
Geburtstagsgeschenk, das, -e 6/A1a
gefährlich 5/B2a
gegenüber 6/C1a
Gemüsegarten, der, "- 6/klar5
Generation, die, -en 1/B1a
gepflegt 2/AT1
Geschäftsführung, die, -en 4/A1
Geschäftsleitung, die, -en 4/A1
geschehen, geschah, geschehen 5/B2a
Geschenkpaket, das, -e 2/A2a
Gesprächspartner/in, der/die, -/-nen 2/B4a
Geste, die, -n 2/D1a
Gewinnspiel, das, -e 6/C1a
Gewinnung, die, Sg. 4/B1
gewöhnlich 4/A2
Gleichberechtigung, die, Sg. 3/A
gleichzeitig 4/A3a
glücklicherweise 3/D1a
Glühbirne, die, -n 5/A1b
GmbH = Gesellschaft mit beschränkter Haftung 4/B1
Grenze, die, -n 1/A3
Großfamilie, die, -n 1/B2
Großteil, der, Sg. 3/B4
großzügig 2/A4a
grüßen 3/A4a
Gutschein, der, -e 6/C2b

H

Haar, das, -e 2/A2a
Hausarbeit, die, -en 3/A1a
Hausputz, der, Sg. 1/B1b
HD-Fernseher, der, - 5/AT2a
Heirat, die, -en 2/A4b
Heiratsalter, das, Sg. 3/B1
heizen 5/A1b
hellblau 2/A2a
Herkunftsland, das "-er 4/C2
her|schauen 5/B2a
her|zeigen 6/A1b
Himmel, der, Sg. 6/B1a
Hindernis, das, -se 3/D1a
hoch 3/B5a
Hochzeitstag, der, -e 1/AT1a
Hort, der, -e 1/A2a
hübsch 5/B2a
humorvoll 2/A4b
hungrig 3/A4a

I

ideal 5/B2a
innerhalb 3/B3
insgesamt 3/B1
intelligent 2/A3a
Internetanschluss, der, "-e 5/B2a
Internetcafé, das, -s 5/B2a
inzwischen 3/A2

J

Jugendbildung, die, Sg. 6/C1a
Jugendherberge, die, -n 1/C4

K

kämpfen 4/A1
Karrierechance, die, -n 3/A1a
Kassenzettel, der, - 6/C3a
Kater, der, - 5/B2a
kaufmännisch 4/B1
Kaufvertrag, der, "-e 6/C1a
kaum 5/B2a
Kindererziehung, die, Sg. 3/A1a
Kindergeld, das, Sg. 3/B1
Kirche, die, -n 4/C1
Kirchensteuer, die, -n 4/C1
Klassenstufe, die, -n 1/C3c
Kleinfamilie, die, -n 1/B2
klicken 6/C1a
klingen, klang, geklungen 5/B2a
Kohleherd, der, -e 5/A1b
Kommunikation, die, Sg. 2/D
Kompromiss, der, -e 4/A3a
Konflikt, der, -e 2/C1a
Konkurrenz, die, Sg. 4/A1
Konsum, der, Sg. 6/AT
Kontaktanzeige, die, -n 2/A3a
Krankenpfleger, der, - 5/klar1
Kredit, der, -e 6/B3a
kritisieren 2/B4a
kulant 6/C2b
kümmern (+ sich + um) 1/A2a
Kundenanfrage, die, -n 4/B1
Kundenbetreuung, die, Sg. 4/B1
Kundenkontakt, der, -e 4/B1
Kundenservice, der, Sg. 4/A1
Kündigungsschutz, der, Sg. 4/A3a
Kuss, der, "-e 1/B4b

L

Laptop, der, -s 5/B2a
laufend 4/C1
leger 2/AT1
Leine, die, -n 5/A1b
Liebe, die, Sg. 2/A3a
lieben 3/D1a
Liebesgeschichte, die, -n 3/D
liegen lassen 5/B2a
liefern 4/B1
locker 2/AT1
Lohnsteuer, die, -n 4/C1
Lottogewinn, der, -e 6/B1a

M

Malermeister/in, der/die, -/-nen 2/A3a
Märchen, das, - 5/B
Maus, die, "-e 5/B2a
Mäuseloch, das,"-er 5/B2a
Mäuserich, der, -e 5/B2a
Mechatroniker/in, der/die, -/-nen 4/klar1
mehrere 1/B1b
Meinung, die, -en 1/B1b
Meinungsverschiedenheit, die, -en 1/B1d
Migrant/in, der/die, -en/-nen 3/B
Mimik, die, Sg. 2/D1b
Monatsabrechnung, die, -en 4/C1
Musiklehrer/in, der/die, -/-nen 4/B5b
muskulös 2/AT1

N

nachdem 4/B4
nach|denken, dachte nach, nachgedacht (+ über) 2/D1b
Nachhilfeunterricht, der, Sg. 1/C3c
nehmen , nahm, genommen (hier: sich Zeit nehmen) 1/A1
Nettogehalt, das, "-er 4/C1
Neukunde/Neukundin, der/die, -n/-nen 4/B1
nicht ..., sondern 2/B4b

O

obwohl 3/A3a
Ofen, der, "- 5/A1b
offen 1/B1b
Öffentlichkeit, die, Sg. 6/C1a
optimistisch 3/B1
ordentlich 2/AT1
Organisation, die, -en 4/AT1b

P

PC-Kenntnisse, Pl. 4/B1
Personal, das, Sg. 3/B5a
persönlich 4/B3
pessimistisch 4/A1
Pflegeversicherung, die, -en 4/C1
Pflicht, die, -en 1/B1b
Plan, der, "-e 1/B1b
Playstation, die, -s 5/AT1
plötzlich 5/B2a
Position, die, -en 3/A1a
Preisverhandlung, die, -en 4/B1
problematisch 1/C3b
Produktion, die, -en 4/AT1b

Produktionsmitarbeiter/in, der/die, -/-nen 4/A3a
produzieren 4/A1
protestieren 4/A1
prozentual 3/B5a

Q

Qualität, die, Sg. 6/AT2

R

recht haben 2/C2b
Recht, das, -e 3/B1
reich 2/A4b
retten 4/A3a
Rezeption, die, -en 2/B1
richten (+ an) 4/B1
riesengroß 5/B2a
riesig 2/A3a
Risiko, das, Risiken 3/B1
Rolle, die, -n 2/D1b
romantisch 2/A3a
rufen, rief, gerufen 5/B2a

S

Satellitenschüssel, die, -n 5/AT1
Scheidung, die, -en 3/B1
scheinen, schien, geschienen (hier: Die Zahl scheint hoch zu sein) 3/B5a
schlau 2/D1b
Schließung, die, -en 4/A1
Schrift, die (hier: in Wort und Schrift) 4/B3
Schulfach, das, "-er 1/klar3b
Schulverein, der, -e 1/C5b
Schwäche, die, -n 2/AT2
Schwangerschaft, die, -en 3/B1
Schwanz, der, "-e 5/B2a
Selbstbewusstsein, das, Sg. 3/B1
selbstständig 2/A3a
senden 4/B1
Service, der, Sg. 6/AT2
setzen (hier: Grenzen setzen) 1/A3
Sicherheit, die (hier: Sg.) 1/AT1b
sicherlich 5/B2a
Smartphone, das, -s 5/A1b
sichern 4/A3a
Solidarzuschlag, der, "-e 4/C1
sondern 5/B2a
sonstiges 4/AT1b
Sorge, die, -n 4/A1
sortieren 4/B4
Sozialplan, der "-e 4/A3a
Sozialversicherung, die, -en 4/C1
spielen (hier: eine Rolle spielen) 2/D1b
spinnen 2/D1a
Spitzenposition, die, -en 3/A2
Sporttasche, die, -n 2/A2a
Staat, der, -en 3/B1
Stadtleben, das, Sg. 5/B2a
Stadtmaus, die, "-e 5/B2a
Stammbaum, der, "-e 1/B1c
Stärke, die, -n 2/AT2
statt ... zu 2/B4b
Stellenangebot, das, -e 4/B2
sterben, starb, gestorben 1/A2a
Sternschnuppe, die, -n 6/B1a
Steuer, die, -n 4/A1
Steuerklasse, die, -n 4/C1
Stirn, die, (meistens Sg.) 2/D1b
Streik, der, -s 4/A1
Streit, der, -e 1/AT1b
süchtig 5/AT2b
Summe, die, -n 4/C1
systematisch 4/B1

T

Tagesbetreuung, die, -en 3/B5a
Taxi, das, -s 2/B1
Team, das, -s 4/B3
Teamgeist, der, Sg. 4/B1
Teil (1), der, -e 4/A3a
Teil (2), das, -e 4/B1
Telefongespräch, das, -e 5/A1b
Test, der, -s 4/klar3b
tierlieb 2/A3a
tippen 2/D1b
Tradition, die, -en 6/B1a
treu 2/A4b
trocknen 5/A1b
Trockner, der, - 5/A1b
trotzdem 3/A3a
tun, tat, getan 5/B2a

U

übernehmen, übernahm, übernommen 1/B1b
um ... zu 2/B2
Umtausch, der, Sg. 6/C3a
um|tauschen 6/C3a
Umtauschrecht, das, Sg. 6/C2b
unabhängig 3/B1
ungewöhnlich 4/A1
unhöflich 2/B4a
unkompliziert 3/B1
unmöglich, unmöglich 2/A2a
unnatürlich 2/A2a
unpassend 2/B4a
Unsinn, der, Sg. 2/D1b
unter (hier: unter der Woche) 3/D1a

unter anderem 4/B3
unterbrechen, unterbrach, unterbrochen 2/C1a
Unternehmen, das, - 4/A3a
unterstützen (+ sich) 1/AT1b
Unterstützung, die, -en 6/C1a

V

verabredet sein 5/B2a
verbieten, verbot, verboten 1/A4
Verbraucherinteresse, das, -n 6/C1a
Verbraucherschutz, der, Sg. 6/C
Verbraucherthema, das, -themen 6/C1a
Verbraucherzentrale, die, -n 6/C1a
vereinbaren 4/A3a
Verhandlung, die, -en 4/A1
Verkauf, der, "-e 4/B1
verlieren, verlor, verloren 3/B1
verschicken 2/B3
Versprechen, das, - 6/C1a
Vertrag, der, "-e 6/C2b
vertreten, vertrat, vertreten 6/C1a
Vertreter/in, der/die, -/-nen 4/A1
Verwaltung, die, -en 4/AT1b
vierwöchig 4/A3a
Vogel, der (hier: den Vogel zeigen) 2/D1b
vollständig 6/C1a
vor|bereiten 2/B1
Vorgesetzte, der/die, -n 4/AT1b
Vorsitzende, der/die, -n 4/A1

W

während (Präposition) 3/B3
während (Konjunktion) 4/B4
Wäsche, die, Sg. 5/A1b
wegen 3/B1
weg|gehen, ging weg, weggegangen 1/B1b
weg|laufen, lief weg, weggelaufen 5/B2a
weit und breit 5/B2a
Weltreise, die, -n 6/B7
wenn (temporal) 1/B1b
Werdegang, der, Sg. 4/B3
Werk, das, -e 4/A1
widerrufen, widerrief, widerrufen 6/C2b
widersprechen, widersprach, widersprochen 5/B2a
wieder|sehen, sah wieder, wiedergesehen 3/D1a
wirken 2/A2a
Wirklichkeit 6/B
Wirtschaft, die, Sg. 3/A2
Wirtschaftsstudium, das, Sg. 4/B1
Wohnsituation, die, -en 3/B1
Wohnzimmertisch, der, -e 5/B2a
wunderbar 3/D1a
Wunschzettel, der, - 6/A

Z

z. Hd. = zu Händen 4/B1
Zeigefinger, der, - 2/D1b
zeitlang 3/D2
Zeugniskopie, die, -n 4/B3
ziehen, zog, gezogen 1/B1b
ziemlich 5/B2a
Zukunft, die, Sg. 2/A3a
Zulieferer, der, - 4/B1
zurück|nehmen, nahm zurück, zurückgenommen 6/C2b
Zusammenleben, das, Sg. 1/B1b
zusammen|ziehen, zog zusammen, zusammengezogen 3/D1a
zu|stimmen 2/C1a

Antwortbogen

Hören

Teil 1

1	⬭ A	⬭ B	⬭ C	1
2	⬭ A	⬭ B	⬭ C	2
3	⬭ A	⬭ B	⬭ C	3
4	⬭ A	⬭ B	⬭ C	4
5	⬭ A	⬭ B	⬭ C	5

Lesen

Teil 1

1	⬭ A	⬭ B	⬭ C	1
2	⬭ A	⬭ B	⬭ C	2
3	⬭ A	⬭ B	⬭ C	3
4	⬭ A	⬭ B	⬭ C	4

Teil 2

5	⬭ A	⬭ B	⬭ C	5
6	⬭ A	⬭ B	⬭ C	6
7	⬭ A	⬭ B	⬭ C	7
8	⬭ A	⬭ B	⬭ C	8

Teil 3

9	⬭ Richtig		⬭ Falsch	9
10	⬭ A	⬭ B	⬭ C	10
11	⬭ Richtig		⬭ Falsch	11
12	⬭ A	⬭ B	⬭ C	12

Teil 4

13	⬭ A	⬭ B	⬭ C	⬭ D	⬭ E	⬭ F	13
14	⬭ A	⬭ B	⬭ C	⬭ D	⬭ E	⬭ F	14
15	⬭ A	⬭ B	⬭ C	⬭ D	⬭ E	⬭ F	15

Bildquellen

Cover © Cornelsen Verlag, Miethe – **U2** © Cornelsen Verlag, Dr. V. Binder – **S. 9** 2: © Fotolia, Wolf (RF); 3: © iStockphoto, ODonnell (RF); 4: © Fotolia, Kurhan (RF) – **S. 10** oben: © Fotolia, Tilly (RF); Mitte: © Fotolia, Schon (RF); unten: © Fotolia, Grand (RF) – **S. 15** links: © Die Jugendherbergen in Berlin und Brandenburg; 2. von rechts: © Digitalstock, Stahl (RF); rechts: © Deutsche Bahn AG, Alabiso – **S. 19** links: © iStockphoto, PhotoTalk (RF); 2. von links: © iStockphoto, Keith (RF); 2. von rechts: © iStockphoto, Yeulet (RF); rechts: © iStockphoto, Diederich(RF) – **S. 21** 1: © Fotolia (RF); 2: © Fotolia, Alterfalter (RF); 3: © Fotolia, Eckgold (RF); 4: © Fotolia, Kaljikovic (RF); 5: © Fotolia, Hagen (RF); 6: © Fotolia, jOyce (RF) – **S. 22** links: © Fotolia, Paulsen (RF); 2. von links: © Fotolia, Fatman73 (RF); Mitte: © Fotolia, berlin2010 (RF); 2. von rechts: © iStockphoto, Wojcik (RF); rechts: © Pixelio, wrw – **S. 25** oben links: © Fotolia, Kneschke (RF); oben Mitte: © Fotolia, Heim (RF); oben rechts: © Fotolia, visi.stock (RF); unten links: © Fotolia, palmer24 (RF); 2. von unten links: © iStockphoto, PhotonStock (RF); 2. von unten rechts: © Fotolia, Pawlowska (RF); unten rechts: © Fotolia, IKO (RF) – **S. 32** © Fotolia, Kovaleva (RF) – **S. 34** links: © Fotolia, Kneschke (RF); rechts: © Fotolia, drubig-photo (RF) – **S. 35** © Fotolia, citoxe (RF) – **S. 40** 1: © Cornelsen Verlag, Herold – **S. 44** 1: © Fotolia, philipus (RF); 2: Wikipedia, GNU-Liz. freie Dok. 1.2, © PhiCo; 3: Wikimedia Commons, GNU-Liz. freie Dok. 1.2, © Doychinov; 4: © Fotolia, Wander (RF) – **S. 45** oben links: © L.A.Pixelz, Labuda – **S. 55** oben links: © Fotolia, Schwarzer (RF); oben Mitte: © iStockphoto, Kutlayev (RF); oben rechts: © Sony Computer Entertainment Inc.; unten links: © Pixelio, Freyer; unten Mitte: © iStockphoto, Locke (RF); unten rechts: © Fotolia, Vasques (RF) – **S. 56** 1. Reihe links: © Pixelio, zaubervogel; 1. Reihe Mitte: © Fotolia, hans12 (RF); 1. Reihe rechts: © Fotolia, mohaa (RF); 2. Reihe links: © Fotolia, Müller (RF); 2. Reihe Mitte: © Fotolia, ra-design (RF); 3. Reihe links: © iStockphoto, Slobodkin (RF); 3. Reihe Mitte: © iStockphoto, Cerruti (RF); 3. Reihe rechts: © iStockphoto, Holman (RF); 4. Reihe Mitte: © Digitalstock, Wajopi (RF); 4. Reihe rechts: © iStockphoto, JazzIRT (RF) – **S. 62** 1: © Fotolia, Schwarzer (RF); 2: © Sony Computer Entertainment Inc.; 3: © iStockphoto, JazzIRT (RF); 4: © Fotolia, mohaa (RF) – **S. 66** links: © iStockphoto, Ejov (RF); 2. von links: © iStockphoto, wsfurlan (RF); 2. von rechts oben: © Shutterstock images, Chiyacat (RF); 2. von rechts unten: © Fotolia (RF); rechts: © Digitalstock, Behringer (RF) – **S. 67** © Fotolia, clearviewstock (RF) – **S. 70** links: © Cornelsen Verlag, Herold; rechts: © Fotolia, Monkey Business (RF) – **S. 77** oben: © Fotolia, Leopold (RF); unten: © iStockphoto, Silvrshootr (RF) – **S. 80** links: Wikipedia, GNU, © Willow; Mitte: © Fotolia, crimson (RF); rechts: Wikipedia, GNU, © Hajotthu – U3 © Cornelsen Verlag, Dr. V. Binder

S. 9 1: © mauritius images, The Copyright Group – **S. 15** 2. von links: © ullstein bild, Meißner – **S. 40** 2: © ullstein bild, Sylent Press; 3: © ullstein bild/Joker, Ausserhofer – **S. 45** unten links: © mauritius images/imagebroker, Niehoff; Mitte: © mauritius images, Rosenfeld; rechts: © mauritius images, Rosenfeld – **S. 46** © picture-alliance/dpa, Rehder – **S. 61** links: © picture-alliance/akg-images; rechts: © ullstein bild, Baar

Textquellen:
S. 58/59 © yolanthes Bibliothek – **S. 77** © aus abi >>>der Bundesagentur für Arbeit, www.abi.de